SCHOOL REFOR

教育コンサルが教える

学校改革

コアネット教育総合研究所所長
松原和之
［著］

東洋館出版社

はじめに

「先生！　このカリキュラムで本当に子どもたちのためになると思っていますか!?」

「こんな特色のない学校では生徒は集まりませんよ！」

私は、こんな失礼な言葉を毎日のように発しています。相手は、小学校、中学校や高等学校の校長先生や教頭先生。

特に、私立学校の場合、魅力ある教育を実践し、それを世の中に周知しなければ、児童生徒が集まらず、経営が立ち行かなくなります。昔ながらの教育を続け、改革を怠っていると、時代に取り残され、いつの間にか魅力のない学校になってしまいます。

しかし、学校の中にいると、そのことに気づかないのです。井の中の蛙大海を知らず。自分の井戸の中の水位が下がって危機が迫っているのに、ほかの井戸や海のことは見もせずに、そのことに気づかないのです。

そこで、私のような教育コンサルタントが外部から客観的に見て、冒頭のような指摘をするのです。

もちろん、校長先生や教頭先生は自分の学校に誇りをもっていますし、管理職としてのプライドもあります。私のような者が急にあのような言葉を発しても、聞く耳をもっていただけないですし、怒らせてしまうだけです。ですから、私は武器をもって臨みます。それは、ファクト（事実）から導くエビデンス（根拠）と実績にもとづくノウハウです。

学校現場は長らく経験と勘と根性がはびこる3K職場でした。私が教育の世界に飛び込んだ25年前は、エビデンスなどという言葉は使われていませんでした。学校経営を数値でマネジメントするような風土もまったくありませんでした。私は企業で活用されている経営の知識やノウハウを学校に積極的に紹介し、それを学校経営に合うようにアジャストして経営のサポートを行ってきました。いまでは当たり前に使うようになっていますが、以前の学校経営現場には、「ビジョン」も「戦略」も「マーケティング」も「KPI」もありませんでした。


「教育コンサルタントって、何をやっているんですか？」

よく聞かれる質問です。

私の場合は、教育機関（学校）が推進する教育と経営を支援する仕事をしています。その中でも、専門は小学校、中学校、高等学校の教育と経営です。世の中で教育コンサルタントを名乗る会社や個人のほとんどは、企業の人材育成（社員教育）のコンサルタントです。私のように学校が推進する教育や経営を支援する仕事を本業としている会社や個人はかなり少ないのが現実です。特に、小中高校が対象のコンサルタントとなると、日本国内にはほとんど存在しないといっても過言ではありません。

その上、コンサルタントは黒子です。ある学校を全面的にサポートしていても、それは裏側でのことで、決して表に姿を現すことはありません。ですから、ほとんど存在を知られることはありません。

全国の私立学校の中で学校改革を成功させ、急激に人気校になった学校がいくつかありますが、ほとんどと言っていいほど、その背後には教育コンサルタントがいます。もちろん、私が支援して成功に導いた学校も数えきれないほどあります。

なぜ黒子である私がこのような本を書くことになったのか。それは、いま日本全国の学校が危ないからです。一つは少子化による子どもの人数の減少です。子どもが減れば学校の数も減っていくことになります。公立学校であれば統廃合、私立学校であれば吸収合併や倒産もあり得ます。そしてもう一つは、社会が求める人材が急激に変化していることです。学校は今のままの教育を続けていては社会が求める人材を育てられず、社会にとって不要な存在になってしまいます。ＡＩ（人工知能）をはじめとしてテクノロジーが急速に発展しています。近い将来、学校という社会システム自体にも変革が起こるかもしれません。

このような時代だから、学校改革が急務なのです。それも、政府が考えるような漠然とした改革ではなく、学校現場発想で実質的に変えていく必要があります。

学校改革というと、とても難しいことのように感じるかもしれません。しかし、実際はそうではありません。学校改革には「コツ」があります。そのコツさえつかめば、意外とスムーズに進む場合も多いのです。今回、教育コンサルタントとして25年間にわたって蓄積してきた学校改革のコツをみなさまに披露しようと考えました。それが学校の危機を救うことになると考えたからです。

できる限り事例も含めてわかりやすく記すつもりです。ぜひ読者のみなさまもコツをつかんで、いますぐに改革に取り組み始めてください。ご成功をお祈りします。

目次

第2章　教育改革編　81

第3章 学校組織編

序章

学校改革の最前線

「このままでは、うちの学校は潰れてしまいます」

一人の中堅教員のSOSが始まりでした。もう20年ぐらい前の話です。

その先生（X先生としておきましょう）の誘いを受け、学校を訪れてみると、やはりかなり危機的な状況にありました。

東京都内の私立A女子中学校・高等学校。中学校の募集定員が200名のところ、その当時の中学1年生は20数名。完全に生徒募集が破綻していました。学校は100年の歴史があるものの、特別な魅力も特色もなく、高校募集で一定数の生徒を集めて何とか経営が成り立っているギリギリの経営状態でした。

X先生のセッティングで校長先生と面会し、状況をお聞きしました。その後何度か学校を訪れ、校長先生だけでなく他の管理職の先生にも詳しく話を聞きました。そして、この状況で私がお手伝いできることを提案し、コンサルティングがスタートしました。

私はまず事実を整理することから始めました。「3S診断」と呼んでいる「School＝自校の強み・弱み」「Students＝受験生の動向」「Surroundings＝周辺他校の状況」を総合的に調査して学校の課題と方向性を探ることです。

わかったことは、
- 学校の経常的な収支は赤字だが、生徒が多く在籍していた時代に貯めた自己資金はたくさんあること
- 一方で校舎の建て替えが必要な時期を迎えており、この資金は校舎建設に充てることにならざるを得ず、新校舎建設を越えてから生徒数が増えて経常黒字にならなければ、経営的には破綻すること
- 歴史と伝統にこだわりをもち過ぎており、時代に合わない制服、生徒指導、進路指導を続けていること
- カリキュラムには特別な工夫もなく、大学合格においても実績は出ていないこと
- 高校受験においては全般に女子校の人気が下がっており、遠からず高校募集においても募集困難に陥ると予想されること
- 逆に、東京では当時は中学受験ブームが起こっており、中学入試で生徒を集める方がチャンスがあること
- 都心に立地し周囲には多くの競合校が存在すること。しかし、A校と同様の課題を抱えている学校も多く、いち早く学校改革に取り組めば勝機があること

・学校内部には改革のアイデアはなく、教員組織は沈滞ムードであること

ざっというと、このような状態であることが把握できました。

近年、女子校から共学化することで改革を実現する学校が増えていますが、A校の場合は経営陣にその選択はとりたくないという強い意思がありました。何とか女子校のまま学校改革を実現したいと。

新校舎建設や制服変更は、すでに学校として実行することを決めていましたが、それだけでは学校改革は実現できません。そこで、私が学校と協議して出した改革プランは、新ビジョンの設定、新カリキュラムの導入、魅力ある学習プログラムの新設、生徒募集方法の改革、そして、それらを1~2年の間に一気に実行することでした。

新校舎建設や制服変更は、それ自体は生徒募集に大きな効果はありません。しかし、一部木造の古い校舎が近代的でピカピカの新校舎に変身すれば、「学校が変わる」ことの一つの象徴にはなります。また、制服も戦前から続くセーラー服スタイルから明るい色を取り入れたブレザースタイルにすることは、イメージ一新に大いに役立ちます。

この変化の印象をうまく利用して一気に教育内容と生徒募集方法を改革するのです。つまり、歴史と伝統の学校から、新しい時代に合わせた学校への一新です。

まず、最初に手掛けたのは、学校全体の方向性を内外ともに知らしめるための「教育ビジョン」の策定です。教育ビジョンとは、学校が育てたい生徒像を明確にすることです。目指す方向性を明示することで、教職員の意識のベクトルを一致させる効果もあります。ただし、ビジョンの策定といっても、まったく新しい学校を新設するわけではありませんので、これまでの歴史や創立時に掲げた建学の精神や教育理念を踏まえる必要があります。

A校の場合は、実はこの建学の精神は完全に埋もれていて、校内の誰も知らない状態になっていました。途中で何代目かの校長が策定した教育目標の言葉が、建学の頃からあったものだと誤認されていたのです。さまざまな古い文献をあたり、この建学の精神を掘り当てたことは、教職員の意識統一には有効でした。この建学の精神を現在化させて、これからの時代の社会の動きや求められる人材像も加味して、新しい時代に合わせた言葉にすることで、教育ビジョンができ上がったのです。

教育ビジョンを策定するためには、学校組織内に通常の校務分掌とは別のプロジェクトチームを設置してもらいました。ベテランから若手までの5人のメンバーが参加し、そこに私が加わり、かなりの時間をかけて話し合いながら進めました。もちろん、X先生もメンバーの一人です。主体的に議論に参加し、チームを引っ張ってくれました。

改革の推進にはプロジェクトチームでの議論の質も大切ですが、もっと大事なことは教職員全体のコンセンサスをとることです。都度職員会議などに進捗を報告し、全校一丸となって検討を進めている状態をつくり出しました。改革が全教職員にとって自分事にならない限り、その後の実践がままならないからです。

こうして半年ほどの期間を経て、教育ビジョンは完成しました。そして、次はこの教育ビジョンを実現するためのカリキュラムづくりです。A校は、社会で活躍できる自立を目指しましたので、キャリア教育に特色をもたせることを考えました。いまでいうところの探究学習とキャリア教育を融合させた「キャリア探究」をカリキュラムの中心に据え、推進することを計画しました。

一方、生徒募集については、この新教育ビジョンと新カリキュラム、キャリア探究プログラムを広く周知する方法を考えました。当時のA校の募集活動は、目標もなく、振り返って改善することもありませんでした。活動をしていないわけではないのですが、それぞれの担当者の経験と勘に頼り、出たとこ勝負、結果オーライ（オーライではない場合も多い）の個人活動でした。

そこで、私から提案したのは、

- まずは目標をつくること
- 特に途中指標（マイルストーン）を設けて、目標達成が難しくなりそうであれば、年度の途中であっても方針や計画を変える柔軟な計画とすること
- 数値や明確な基準で目標を振り返ること
- 個人ではなくチームとして取り組むこと
- 各施策が有機的に連動して効果を最大化するよう設計すること
- 年度終了時には結果を振り返り、次の年度への課題を整理すること

などでした。

目標はもちろん入学者数を増やすことですが、そのためには出願者数を増やさなければなりません。出願者数は学校説明会や見学会、オープンスクール等で来校する受験生数に比例します。

来校者がどれぐらい出願に結びつくかという割合が「出願率」です。この出願率を上げるためには、説明会等で来校した際に、よりよいイメージをもってもらうことが大事です。つまり、説明会の満足度をどれだけ上げられるかが勝負です。説明会の内容だけでなく、教職員の印象、在校生たちの印象、学校の雰囲気なども重要な要素です。

当時のA校は、広報活動は入試広報部の仕事であり、ほかの教員は関係ないという雰囲気でした。しかし、これでは、説明会に訪れた受験生や保護者からの印象はよくなりません。「全員広報」の意識で取り組むよう呼び掛けました。

まだ入学していない受験生はいわば他人です。お客様を迎えるような気持ちで対応する必要があります。なにも「ホテルマンのように丁寧なサービスをしろ」なんて言うつもりはありません。でも、初めて自宅に訪れるお客様を迎える程度のおもてなしは必要です。自宅にお客様が来るなら、家の掃除はきちんとしますよね。少し明るく見えるように玄関には花瓶や鉢植えぐらい置きますよね。そして、お客様が来たら、いらっしゃいと挨拶をしてスリッパを出しますよね。

当時のA校はそんなこともできていませんでした。繰り返しますが、過剰なサービスを求めてなんていません。当たり前のおもてなしの心をもちましょうということを推奨したのです。

ちょっとした意識の転換です。学校には、先生は教えてあげる偉い人、生徒はその教えを乞うために来た人という固定観念があります。先生が上、生徒は下という考えがある限り、受験生をもてなすなんて発想は生まれません。

実は、このことは授業のあり方にも影響しています。教える（上）―教わる（下）の関係が生徒の主体的な学びを阻害しているのです。このことは後の章で述べましょう。

一部のベテラン層の先生には通じませんでしたが、多くの先生がおもてなしの心をもつことで、A校の学校説明会は一気に変わりました。駅からの道々に案内が立つ、玄関には在校生が立ち元気に挨拶をする、会場には手作りの装飾を施す。季節ごとに玄関の装飾も工夫を凝らしました。3月には雛人形を飾り、12月にはクリスマスツリーを飾りました。こうして受験生に与える印象はガラッと変化しました。

そのことで、回を追うごとに説明会の参加者数が増えていったのです。何かをやって、それがうまくいく。そういう経験をすると、次もやってみたくなるものです。これは「小さな成功体験」です。小さな成功体験は、学校改革の重要なコツの一つです。小さいことでもいいので、とにかく動いてみることが、次の行動へのモチベーションになるのです。

改革には「慣性の法則」が当てはまります。止まっているものは止まったまま、動いているものは動き続ける。つまり、学校改革も、止まっている学校を動かす最初の期間が大変苦労するところで、動き始めてしまえば意外とすんなりと進むのです。そして、この小さな改革行動が継続するような組織風土をつくることが大切です。止まってしまったら、また動かし始めるのは大変ですから。

さて、A校はその後どうなっていったのでしょうか。

新校舎建設、制服変更も行われ、新しい教育ビジョンに沿った新しいカリキュラムとキャリア探究プログラムが功を奏し、さらにそこに生徒募集の改革も加わることで、中学校入学者は毎年倍々ペースで増えて、5年で定員に達するようになりました。

生徒数が増えたことも変わったことの一つですが、それよりも大きく変わったのは、生徒たちの笑顔です。学校が活性化されたことにより、生徒たちにとって学校はワクワクする楽しい場所に変わっていきました。そして、私が一番嬉しかったのは、先生たちの目がキラキラと変わってきたことです。先生も生徒もワクワク、キラキラ。そんな学校が一つ増えたことが私にはとても嬉しいことでした。

改革途中の私は、立場上、先生たちにとって耳が痛いことを言わなければなりません。時には激しい議論を交わすこともありました。もちろん嫌われることは覚悟しています。

改革スタートから4年経ったある日、A校の学校説明会が開かれたときのことです。大講堂を埋め尽くす受験生の後ろ姿を見ていたX先生と私。

「こんなに受験生が来てくれるなんて夢みたいだ。これまでありがとう」

X先生に言われたその言葉で私は嬉しくて泣きそうになりましたが、

「まだまだこれからですよ！」

と、強がってみせました。

でも、本当に大事なのはこれからなのです。成功を維持するためには不断の努力が必要なのです。

ここで、学校改革の全貌を示しておきましょう。

学校経営を大きくわけると、

- 受験生を集める募集広報に関わること
- 教育（児童生徒の学習）に関わること
- それらを支える教職員や組織に関わること

の3つの分野があります。

企業でいえば、「営業」、「商品（製造）」、「組織人事」です。どれか一つを変えれば全体がよくなる場合もありますが、多くの場合は、それぞれが連関しているので、一つを変えようとすると、すべてを見直すことになります。

先ほど紹介したA校の例でいうと、教育ビジョンの策定、カリキュラムの見直し、特色ある学習プログラム（キャリア探究プログラム）の新設などは教育面に関わることです。生徒の学習や学校生活の環境整備という意味では、新校舎の建設や制服の変更も教育面に入ります。

一方、学校説明会の内容や運営を見直したことは募集広報面の改革です。事例では紹介しませんでしたが、学校案内パンフレットやホームページも大幅に変えました。また、中学校や学習塾に対する広報を計画的に行うということも実践しました。

これらの改革をプロジェクトチーム主導で全校を巻き込みながら進めたことは、教職員の意識や組織のあり方を改革することにつながりました。小さな成功づくりが組織全体を前に進めるきっかけになったことは前述した通りです。


公立小学校や中学校の場合は通学区が決められており、児童生徒は待っていれば来てくれる（逆に、人口が減れば、待っていても来ない）状況だと思います。しかし、高等学校は公立でも、受験生側に選択権があるので、学校側がより多くの生徒に集まってもらう努力をする必要があります。

また、近年は公立小学校や中学校でも、学区をまたいだ学校選択制を導入する自治体が増え、小中学校といえども児童生徒募集を意識せざるを得ないでしょう。

私立学校はといえば、こちらは常に学校選択の目にさらされており、募集広報は最重要課題といっても過言ではありません。

このようなことから、募集広報は、教育面、組織面と並んで、学校改革の三大分野の一つといえるでしょう。

私が教育コンサルタントとして、学校改革のサポートをさせていただく際は、この三分野のどこに重点を置くかを意識しています。そして、それぞれの分野に改革のコツがあります。次の章からはこれらの「学校改革のコツ」を一つひとつ紹介していきたいと思います。

第1章
学校広報編

1. 差異化——いかに他校との違いをつくるか

「いまの競争を抜け出し、もっと安定した人気がある高校になるためには、どれだけ大学合格実績を上げればよいでしょうか?」

ある高等学校の校長先生が私に尋ねました。

「そうですね、まずは東大に10名合格させてください」

なんて、私は言いません。

多くの高校の先生が誤解していることがあります。それは、難関有名大学に多くの合格者を出せば、たくさんの受験生が集まる人気校になると思っていることです。

もちろん、大学合格実績は受験生や受験生保護者が学校選びをする際の基準の一つではあります。しかし、大学合格実績の数値なんて、いくら努力して伸ばしても、上には上がいます。

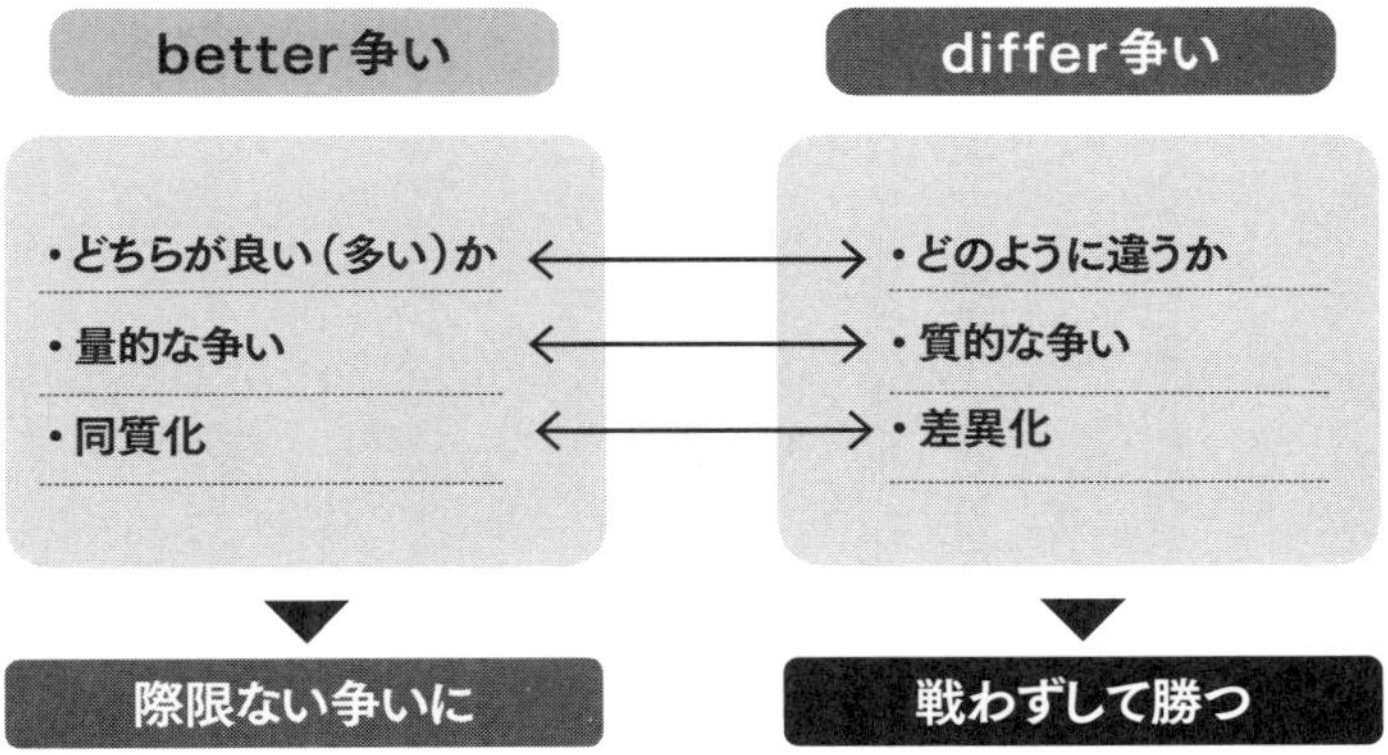

首都圏の高校であれば、東大・東工大・一橋大、早慶上理、ＧＭＡＲＣＨ（注1）という難関大学に何人合格させたかを競っています。高校入試で偏差値50ぐらいの学校であれば、ＧＭＡＲＣＨに10人とか20人という合格実績です。それを30人、40人に伸ばしたところで、少し上の偏差値帯の学校には勝てません。もしくは、少し上の高校に追いついたとしても、今度はその偏差値帯の学校との競争になるだけです。いつまで経っても競争は終わらず、人気校として安泰の地位を得ることなんてできません。

なぜこういうことが起こるのかというと、それは「どちらがbetterか」という争いをしているからです。better争いには際限がありません。合格実績という一つのモノサシでbetter争いをしている限り、一生楽にはなれません。

以前、男性用カミソリを販売している企業同士がシェア争いをしていました。A社が2枚刃カミソリを発売し、切れ味がよいと評判になると、B社は「うちは3枚刃だ」と応戦。シェアを取り戻します。すると、こんどは4枚刃が発売され、いや5枚刃だ、6枚刃だと、better競争を繰り返していきました。こんな競争を繰り返していてもナンセンスだな、と思っていたら、5枚刃を超えると、日本人の鼻筋のサイズを超えてしまい、逆に使いづらいというオチがついたという笑い話です。

こんなbetter競争をしていても意味がないですよね。では、どうすればいいのでしょうか。それは「differ」を志向すればいいのです。そうです。**安定した人気を得るためには、他校との違い（差異）をつくるのです。**

5歳の子どもの前に蜜柑を3つ差し出して、「どれでもいいから好きなものを一つ選んだらそれをあげるよ」と言ってみてください。3つの蜜柑の大きさや形、色などが似ていれば似ているほど、子どもは「うーん」と唸って選べなくなってしまいます。

しかし、同じ大きさ、形、色の３つの蜜柑でも、その一つだけヘタのところに小さな葉っぱが付いていたとしましょう。その条件で同じように子どもに選ばせたら、瞬時にその葉っぱが付いている蜜柑を選びます。

蜜柑そのものは大きさも形も色も同じなので、たぶん美味しさもほぼ同じでしょう。食物としての蜜柑の実質上の違いはほぼありません。でも、子どもは葉っぱの付いた蜜柑を選ぶのです。不思議なものです。

さて、学校選びの話に戻しましょう。

察しのよい方はお気づきでしょう。私が「学校選びも同じだ」と言おうとしていることを。

「いやいや、蜜柑を選んでいるんじゃないから」

「5歳の子どもじゃないんだから」と否定する方もいらっしゃるかもしれませんが、残念ながら人間の心理なんて、本質的には子どもでも大人でも同じです。小さくて安価なものを選ぶときでも、大きくて高価なものを選ぶときでも、本質的には変わりません。**人間の本性として「どこか違うもの」を選びたくなるのです。**

受験生や受験生保護者からみて学校選びが難しいのは、「学校ってどこも同じ」と思っているからです。実際、学校は学習指導要領によってカリキュラムのほとんどが決められているので、外からみれば同じに思えるのは仕方がないのです。もっといえば、受験生や受験生保護者はカリキュラムの違いなんて、実はまったくわからないのです。わかっているのは、自分の学力（偏差値、内申点）ぐらいのものです。

そして厄介なのが、受験生や受験生保護者は、模試業者が出す偏差値表の偏差値が1ポイントでも高ければそれがよい学校だと思ってしまうことなのです。そうすると、自分の学力で合格できる一番偏差値が高い学校を、ただ単に選ぶだけという単純な学校選びの構図ができ上がってしまいます。

これでは、学校側からみれば、**偏差値競争を続けている限り、いつまでたっても、今の**

ポジションから抜け出すことができないということになってしまうでしょう。

そこで、学校改革をしようと頭を悩ましている校長先生に、私は蜜柑の葉っぱの話をするのです。

カリキュラムなんて、普通科高校であれば、国公立大学を狙えるレベルかどうかで、選択科目が変わるぐらいで、あとはだいたい決まってきます。違いが出せるのは、各学年に1コマか2コマぐらいです。総合的な探究の時間（理数探究）の中身をどうするかと、ちょっとだけ独自科目を入れられるかどうかです。違いを出せるのは、週30数コマある授業のうちのせいぜい5〜6％に過ぎません。

でも、その**ちょっとした違いをうまく使えば、広報上の戦略に使える**のです。

ヒトとチンパンジーのDNAの違いはどれぐらいだと思いますか。答えは、たった2％らしいのです。でも、こんなに違う。ちょっとしたカリキュラムの違いでも、ヒトとチンパンジーぐらいの違いをみせることはできるのです。

では、具体的にはどうすればよいのでしょうか。ここでは、事例を2つ紹介しましょう。

まずは、東京都にある私立中高一貫校である**広尾学園中学校・高等学校**です。広尾学園は、いまでは押しも押されぬもせぬ大人気難関校ですが、以前は、生徒募集で苦戦を強いられていました。この学校の改革が成功した要因は、やはり、他校との明確な差異化にあります。こんなことを言うと、学校の先生に怒られてしまいそうですが、普通の中学校と普通科の高校の中高一貫校ですから、カリキュラムの外形そのものは、公立高校とたいして変わらないんです。でも、ちょっとしたフレーバーの違いで、全く異次元の教育を実現する学校に仕立て上げているのです。

広尾学園において、まず目を引くのが、「医進・サイエンスコース」と「インターナショナルコース」というコース制です。医者や科学者を目指す人なんて、普通の中学校ではクラスに一人いるかいないかです。同じく英語を武器にしてトップレベルの国際人を目指す人だってクラスに何人もいないでしょう。でも、広尾学園はそれをウリ（他校との違い）にして、生徒募集をするわけです。実際に全校生徒の半数以上はこの2つの特別なコースに在籍しています。

広尾学園の人気の要因は、きちんと目に見える実績を積み上げていることです。サイエンスの分野では、高校生にもかかわらず、大学院生レベルの研究を行って学会で発表をしたり、インターナショナルの分野では、卒業生のかなり多くが海外の有名大学に進学したりしています。

今では、中学校や高等学校で、サイエンスやインターナショナル（グローバル）という言葉をよく聞くようになりましたが、やはり先鞭をつけたのは広尾学園でしょう。その独自性、他校との差異は秀でるものがあります。

２つ目は、東京都にある**品川女子学院中等部・高等部**という女子校の事例を紹介します。私が教育コンサルタントとして研修や講演をするとき、もっとも事例として話題にあげることが多いのが、この品川女子学院です。

私立の女子校というと、一般にはお嬢様学校を想像します。おしとやかで上品な女子生徒たちがゆったりと学校生活をしている。そんなイメージを抱く方が多いと思います。しかし、品川女子学院に行くと、そんな妄想はかき消されます。学校に一歩足を踏み入れると、生徒たちが元気に活発に力強く学校生活を送っている姿を目にすることになります。

この学校のウリは、生徒たちが実社会と直接かかわりながら学んでいることです。代表的な取り組みは「28プロジェクト」。28歳の自分を思い描き、それを実現するためには何が必要か、どう行動すべきかを模索し、理想とする未来に向かっていくプロジェクト型学習です。企業とコラボして学ぶなど、実社会をステージに活動することが生徒たちの力強さを形づくっているのだと思います。

以前、品川女子学院の学校説明会で、当時の校長先生がこう語っているのを聞きました。

「わが校は失敗と競争と揉め事とマルチタスクを大事にします」

ふつうは、失敗と競争と揉め事を避けようとするのが学校というものです。面倒見よく目をかけ、手をかけて、生徒たちが失敗しないように育てることがよいことだという価値観が根強いです。しかし、品川女子学院は逆張りです。実際に社会に出たら失敗と競争と揉め事の連続です。中高生時代からそういった体験をさせることで、社会で活躍する力強い女性を育てているのです。

学校のPRの場である学校説明会でこのような発言をするところが、この学校の独自性を強く表しています。これが人気の源だと思います。

いかがでしょうか。事例でお話しした学校はいずれもbetterではなく、differな戦略をとっていると思いませんか。他の多くの学校が6時間目までだった授業を7時間目まで8時間目までと、「より多く」の学習時間確保によって学力を向上させ、「より多く」難関の大学に合格させる戦略をとっているところを、ちょっとズラして特色をつける、違いをみせる戦略に出たのです。

結果的に両校とも人気校になり、人気が出れば倍率も高くなり、入学者の学力層が高くなり、結果的に無理に競争することなく、難関大学への合格者数も増えていったのです。

これこそdifferな戦略、戦わずして勝つ戦略、差異化戦略といえるでしょう。

学校改革のコツ①　**「差異化」**

他校と同じ軸で同質化競争をするのはやめよう。他校とは異なる独自の魅力をつくり、戦わずに勝つ戦略をとろう。

2. 期待感醸成——いかに入学後の教育価値を伝えるか

以前、ある中高一貫校の理事長先生が「学校はテーマパークと同じだ」と語っていました。この先生は、元々日本有数のテーマパークの経営幹部として勤めておられ、その後、私立学校の理事長になられた方で、その経験をもとにおっしゃっていたのです。

たしかに、**学校はふつうの消費財商品と違って、価値は「経験」にあります。通ってみてはじめて価値を感じることができます。**テーマパークも同じです。訪れて体験してこそ、楽しさがわかるものです。モノを売るのとは違って、経験を売るのは難しい事業です。それは経験する以前に価値を伝えることが難しいからです。

逆に、一度体験してよさがわかってもらえれば、リピーター（繰り返し利用者）になってもらえます。人気のテーマパークは同じ人が何度も訪れることで、のべ利用者が膨大になることが成功につながっています。

しかし学校は、通常は一度選べば3年間、6年間通うことになるので、兄弟姉妹がいる

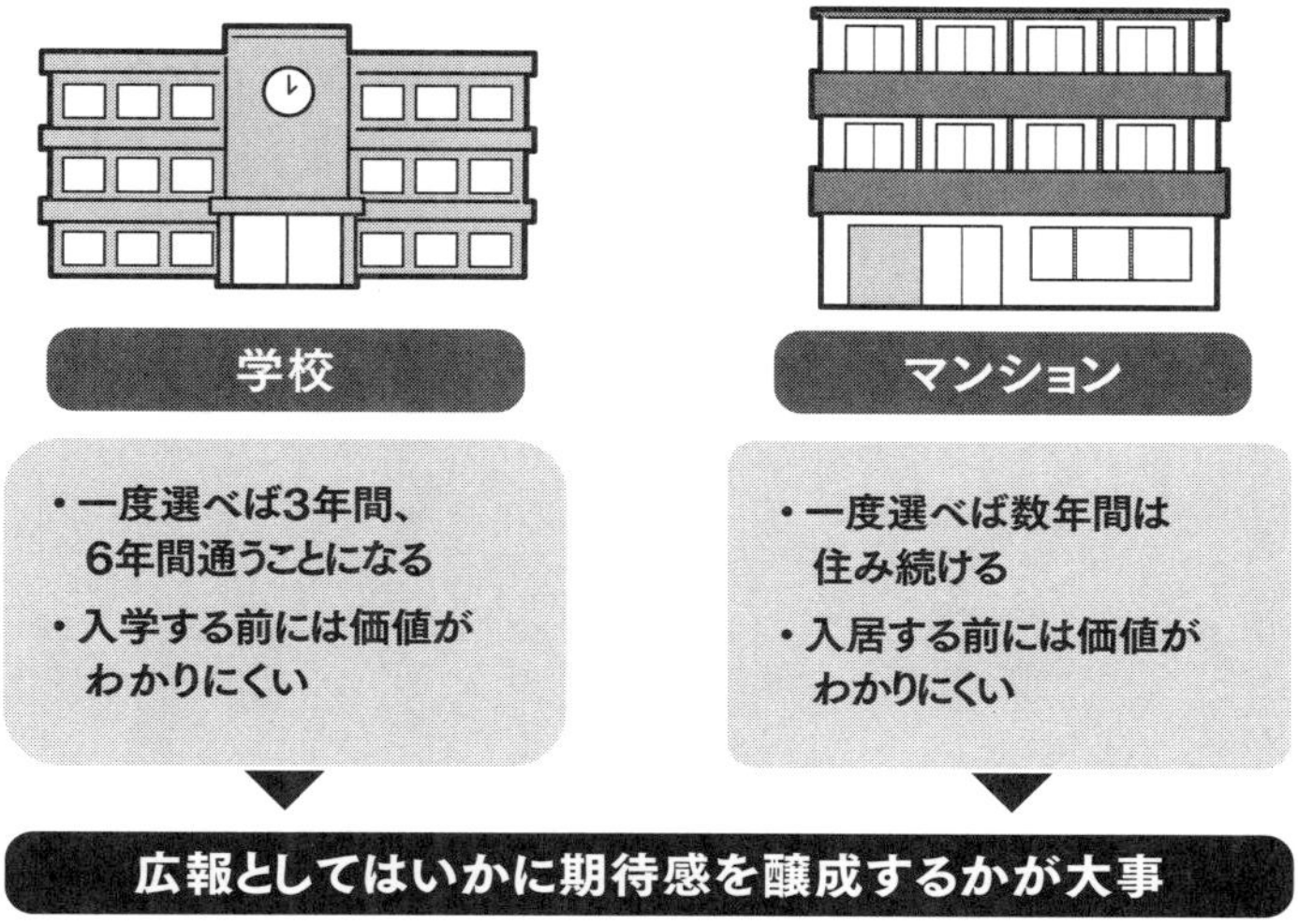
学校
・一度選べば3年間、6年間通うことになる
・入学する前には価値がわかりにくい
マンション
・一度選べば数年間は住み続ける
・入居する前には価値がわかりにくい
広報としてはいかに期待感を醸成するかが大事

場合を除いてはリピーターという発想はありません。児童生徒からみれば、一生に一度の選択になる場合が多いです。通う前には本当の価値はわかっておらず、それを想像して選ばなければなりません。

その意味では、私はテーマパークというより、家やマンションに近いのではないかと思っています。新築のマンションであれば、購入するときにはまだ部屋が完成していない場合も多いです。パンフレットでパースや間取り図をみて、価値を想像するしかありません。

学校も同じです。入学する前は、入学説明会で訪れたり、オープンキャンパスなどで擬似的な体験をしたりすることはできても、授

業や行事を受けることはできません。入学後のことを想像して選ぶしかないのです。

ここで広報的な観点から大事なことは何だと思いますか。それは、**いかに期待感を醸成するか**です。実際には体験できないことをいかにも体験したかのように感じさせ、また理想的な状態を感じさせるような期待感を抱かせなければならないのです。

都心に近いベイエリアのタワーマンションに住んだら、朝起きてカーテンを開けると、高層階からはるか遠くまで見渡せる空と海が展望できます。機能的なカウンターキッチンでつくる料理はとても美味しく、朝からサラダとコーヒーをおかわりしたくなります。ベイエリアは都心からも近く、朝はゆっくりと家を出て、都市公園の緑豊かな遊歩道を地下鉄の駅まで歩いて職場に向かいます。夕方も定時にあがれば早めに家に帰って、晴れた日には遠く夕陽に映える美しい富士山を望むことができます。広々としたリビングルームにはホームシアターもついていて、毎晩家にいながらにして映画が楽しめます。なんだかトレンディドラマの（古い！）主人公になったみたい！　って、夢と期待感が膨らみますよね。

学校の広報もこれと同じです。この学校に通ったら、登校してから下校するまで毎日楽しいスクールライフを送ることができるというイメージをどのように伝えるかです。保護者に対しては、この学校に子どもを通わせたら卒業までの3年間（6年間）でどんなに成長するか、小学生のこの子がどんなに成長して大学生になるのか。その期待感をいかに醸成するかがとても大切です。

では、学校としては、どのように受験生や受験生保護者に期待感を醸成させることができるのでしょうか。具体的な学校の事例をみてみましょう。

まずは、神奈川県の中高一貫校の**洗足学園中学校・高等学校**です。この学校は学校説明会に参加するだけで、ワクワク感が止まりません。まず、訪れると目に入るのが、広いキャンパスと人工芝の校庭、美しいフォルムの校舎。それだけで学校生活への期待感を高揚させます。説明会が始まると、ステージでは、バイオリンとチェロの生演奏。優雅な気持ちにさせてくれます。私が参加した説明会では、英語ネイティブスピーカーの先生と中学生が壇上で英語を使ってやり取りをするシーンです。「うちの子もこの学校に入学したら、あんな風に英語が話せるようになるのだろうな」という期待感を抱かせてくれます。

教育面でも新たな取り組みを次々と行い、期待感を醸成してくれます。第二外国語としてフランス語と中国語を学ぶことができたり、プロに教えてもらうeスポーツや、元チャンピョンの指導によるディベートなど、中高生の心をくすぐるような興味深い取り組みをしたりしています。

海外大学への進学においても先進的に取り組んでいました。いまから10年以上前の2010年に、アイビーリーグのコーネル大学への進学者を出し、注目を浴びました。その後も、ハーバード大学、イエール大学など名だたる名門大学への進学者を輩出し、語学教育やグローバル教育への期待感を醸成しました。

東京都にある**山脇学園中学・高等学校**は、施設の充実度が素晴らしいです。都心ど真ん中の港区赤坂にある学校ですから、多少は校舎や校庭が狭くても仕方がないなと期待をしないで学校を訪れる受験生も多いと思いますが、その予想は見事に裏切られます。それがＥＩ、ＳＩ、そしてＬＦです。

ＥＩはイングリッシュアイランドの略称です。ＥＩは、校内でまるで留学したかのような雰囲気を味わえるイギリスの街並みを模した英語コミュニケーション施設です。一言でいえば、英語のテーマパークのような施設です。これを見せられたら受験生の期待感は確実に上がります。初めて見たとき、私は「ここまでやるか」という感想をもちましたが、とにかく素晴らしい施設です。

ＳＩはサイエンスアイランド、ＬＦはラーニングフォレストの略です。ＳＩはその名の通り、理科の実験室や技術室が集積する施設です。ＬＦは６万冊の蔵書を収納する書架のほか、グループワーク・プレゼンテーション・ラウンジなど６つのエリアから構成されている探究活動の拠点です。

施設が素晴らしいことは認めた上で、説明をつけ加えますが、山脇学園はネーミングがうまい！　ＬＦは施設の内容は図書館とアクティブラーニンググルームなのですが、それをラーニングフォレスト（学びの森）と名づけたわけです。それだけで生徒たちの期待感が爆上がりです。

私は**教育においてネーミングはとても大事**だと思っています。本書の別の章でも書きますが、学習にはやる気やモチベーションが大切です。同じ内容を学ぶにも、ワクワクしながら学ぶのとそうでないのとでは成果に大きな差が出ます。「今日は図書館で授業します」と言うのと、「今日はラーニングフォレストで授業します」と言うのでは、ワクワク感が違いますよね。たかがネーミングですが、されどネーミングです。

山脇学園は、他校にはない独特の施設を設置し、イケてるネーミングをして、期待感を醸成しているということがおわかりいただけたでしょうか。

もう一つ事例を紹介しておきましょう。埼玉県の**栄東中学校・高等学校**です。２０２４年３月の東京大学合格者が19名と、いまや埼玉県でもトップを争う進学校ですが、以前は、東京大学合格者はほとんどいませんでした。栄東を現在のような進学校に押し上げたのは、２００４年にスタートした中学校の「東大コース」のおかげです。その頃は東京大学合格者がほとんどいなかったのに、東大コースと銘打って中学校の生徒募集を始めたのです。当時、周りからは「東大コースなんて予備校みたいな名前だ」とか「実績もないくせによくそんな名前をつけられるよな」と揶揄されていました。しかし、受験生の保護者には期待感をもって受け入れられたのです。実績はないけれど、この学校だったらきっと目標を実現してくれるという期待感を醸成しました。

当時、栄東中学校の学校説明会では、東京大学の入試問題を分析し、「こういう入試を突破するためにはこのような学習をするのです」と解説したのです。もちろんカリキュラムや教師陣を東大対策に合わせて刷新しました。埼玉県の中学校なのに、東京都の開成中学校の近くに会場を借りて、同じ日の午後に入試を実施しました。開成といえば、東大合格者数が全国ナンバーワンの学校です。「どうぞ、開成と併願してください」というメッセージを強烈に伝えるために、そのようなことをしたのです。常識では考えられないことを次々と実行し、東大合格への熱意、いや執念を受験生の保護者に伝えたのです。この執念が期待感につながって、学力が高い受験生を集めることができ、東大コース成功につながたのです。

ちなみに、東大コース第一期生の学年の卒業生は、東京大学に11名合格しました。それ以降、コンスタントに10名以上の東京大学合格者を輩出していますので、期待感をうまく成果につなげていったといえるでしょう。

学校改革は、現状は成果があまり出ていない学校が取り組むことも多いです。成果が出ていない学校は広報上アピールできるネタが少ないです。成果がアピールできないのであれば、これから入学する児童生徒が得ることができる教育価値をうまく伝えなければなりません。それが期待感です。「このような取り組みをするのであれば、きっと成果が出るだろうな」という期待をもってもらうのです。プロセスを説明して結果を期待させるわけですから、ふつうのアピールの仕方ではなかなか伝わりません。他校ではやっていないような、ある意味で常識外れのような取り組みをすることが求められます。どうですか、貴校でも思い切ってやってみませんか。

学校改革のコツ②「期待感醸成」

現状アピールできる成果がないなら、これからの教育価値を期待させるような取り組みやプロセスを見せよう。他校ではやっていない常識外れと思えるような取り組みにチャレンジして、それをアピールしよう。

3. 選択と集中——何をやらないか

仕事がら、日々多くの学校の先生と会ってお話をしますが、「忙しい」という言葉を発しない先生はほとんどいません。

一般に、残業や休日出勤など長時間労働が常態化している職場をブラック職場などと呼びますが、近年は学校がブラック職場だというイメージが定着してしまっています。実際、それだけ忙しい職場なのでしょう。

忙しいということは、労働力（先生の人数）に比べて仕事の量が多いということですが、なぜそうなってしまうのでしょうか。

これは、**日本の学校が過度に大きな社会的期待を背負っているからです。**いまだに強い学歴重視から、学力向上への期待は大きいです。また、全人教育という名のもとに本来家庭で担うべき教育もすべて学校に押しつけられています。さらに、これが忙しさの最大原因だと私は思いますが、クラブ活動の存在が問題です。海外では放課後のスポーツ指導は学校とは切り離されているケースが多いです。

まあ、正直言って教育については何でもかんでも学校に押しつけられているのが実情です。児童生徒が学校外で問題行動をしたときに学校に連絡が入るのは海外では考えられないことです。曰く「学校の指導がなっていない！」と。

企業においても、リゲインを飲んで24時間戦えますか⁉　とモーレツに働くことがもてはやされていた時代は、学校の先生が夜中に警察に呼び出されても働き過ぎのレッテルは貼られませんでしたが、いまや企業は働き方改革が進んでホワイト企業が当たり前になりました。学校だけが取り残されて目立ってしまっているのです。

企業の働き方改革は、デジタル・トランスフォーメーション（DX）によるところが大きいですが、根本的には、やることを集中化し、それ以外の仕事を捨ててしまうか、アウトソーシング（外部化）していることが大きな要因となって成功しています。

学校はどうでしょうか。児童生徒のためになるのであれば何でもやってあげたいというまじめな先生が多いので、仕事を取捨選択することがありません。そうなると、仕事は増えていくばかりです。

学校改革についてもそうです。児童生徒のために、何か新しい取り組みをするのですが、これまでやっていたことをそのままにして新しいことを始めるので仕事は増えるばかりです。

よく「改革はスクラップ&ビルドだ」といいます。古いことを壊してから新しいことをつくるのです。ところが、学校では、ビルド&ビルド&ビルド……とどんどんつくり続けます。それでは先生たちが大変になるばかりです。**学校改革のポイントは、一つ新しいことをはじめるなら、一つ古いことを捨てるということです。**

ビジョンや方向性がしっかりしていれば、新しくやることを統一化、集中化していくことができます。企業には経営戦略というものが存在します。企業が目指すビジョンを実現するための方策や計画全般のことです。ビジョン実現にはいくつかの方策がありますが、その中の一つを選ぶことを戦略といいます。つまり、選択と集中です。

もちろん、企業だけでなく学校でもよりよい経営をしようと思えば、ビジョンと戦略は必要です。**学校の経営戦略においても選択と集中は重要なのです。**

この選択と集中は業務量やコストを減らすだけでなく、方針がシンプルになり内部の統

◆「選択と集中」によるメリット

- **無駄を削減し、業務量やコストが低減する。**
- **学校方針が明確になり、内部の統一感が増す。**
- **受験生から見て、学校の特色がわかりやすくなる。**

一感が増します。また、外部から見ても学校の方針や特色がわかりやすくなります。

私が学校案内パンフレットを見たり、学校説明会のプレゼンテーションを聞いたりする中でも、色々やっているけれども統一感がなく、特色がはっきりしない学校がよくあります。こういう学校は内部では努力されていることはわかるのですが、外部には魅力がまったく伝わってきません。もったいないと思います。

つまり、**入試広報においても選択と集中がとても重要だ**ということです。まず、外部への伝え方だけでも工夫してみましょう。

ここでは2点お伝えします。

一つは、**児童生徒が入学してから卒業するまでの流れを、統一感をもって表現しましょう。**その統一感とは教育ビジョンに向けて成長をする様子が納得感をもって伝わることです。

学校ではさまざまな取り組みをしていることはわかります。でも、ここは心を鬼にしてバッサリ切り捨て、教育ビジョン実現に強く影響する取り組みだけを取り上げましょう。たとえば、大阪府にある**追手門学院中・高等学校**の学校案内パンフレット（注2）をご覧いただきたいのですが、パンフレットの前半は、「自ら学ぶ学校」というコンセプトで貫いています。この学校の教育理念は「独立自彊・社会有為」という言葉ですが、「主体性・社会性を身につけ、自らの可能性を広げ、社会に貢献できる高い志をもった生徒を育てる」というビジョンがあります。

主体性と社会性を育てるためには「自ら学ぶ」ことが大切です。学校案内パンフレットは、そのコンセプトで学校の取り組みを抜粋しストーリー化しているのです。「探究科」も「哲学対話」も「学びプロジェクト」も「サイエンスキャンプ」も、すべて自ら学ぶというストーリーの中に置かれています。

こうすることで、中高6年間通学した後の卒業時の生徒の姿がくっきりと見える広報に

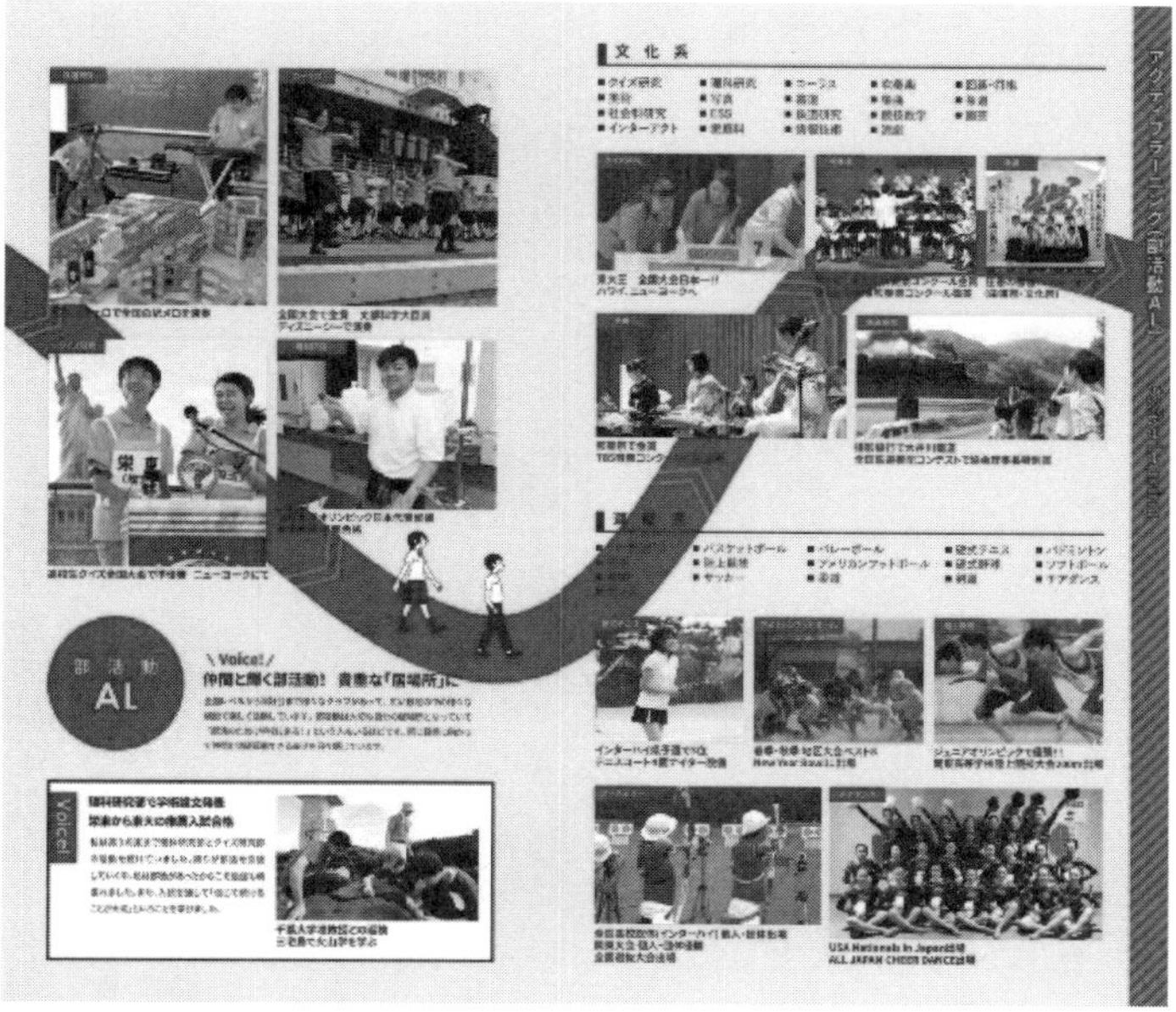

栄東中学校スクールガイド2025

なっています。

２つ目は、**見せ方にメリハリをつけることをお勧めします。**学校案内パンフレットには通常クラブ活動紹介のページがあります。学校に存在するクラブをすべて羅列しているような見せ方をする学校が多いです。２センチ角ぐらいの小さな写真を20個並べてクラブ紹介をするのです。

私が先生に「メリハリをつけるために、写真を大きくして目立たせるクラブをいくつかピックアップしましょう」とアドバイスをすると、「いやいや、みんな活動をがんばっているので平等に扱ってあげたいんです」と先生は反論します。

先生たちはやさしいですね。弱小クラブだってがんばっているんだから、同じように扱ってあげたいという親心でしょう。でも、そもそも部員が１００人以上いるクラブと５人しかいない廃部寸前のクラブを同等に扱っていいのでしょうか。それこそ悪平等ですよ。いや、この際、悪平等はどうでもよくて、学校案内パンフレットは広告が目的ですから、多くの受験生が魅力的に見えるものを目立たせた方がいいのです。

私が広報についてアドバイスするときに必ず最初に聞くのは、「貴校のウリ（売り文句＝アピールポイント）は何ですか？」です。スーパーマーケットのチラシを見てください。必ずメリハリをつけて写真等を載せています。「本日の特売品！」のように。それが私の言う「ウリ」です。

街の定食屋さんにもウリはあります。A食堂は美味しさがウリ、B食堂は安さがウリ、C食堂はとにかく速く提供するのがウリというように、強みを明確にして戦っています。A食堂は美味しさを売るために、多少高くても、多少提供に時間がかかってもいいと捨てているのです。その代わり、美味しさのアピールについては、高級食材を使っていることや新鮮な地元産野菜を使用しているなど、他に負けないことを徹底して売るのです。美味しさを売っているのに、流通コストをカットなんてアピールしないですよね。セントラルキッチンで店では温めるだけなんて宣伝したら台無しです。**一貫してメリハリのあるウリのアピール。それが広報の重要ポイントです。**

進学校なら大学合格実績をアピールします。多くの学校は学校案内パンフレットに今年合格した大学名を一覧で載せています。

しかし、残念なケースもあります。

この高校の合格実績はどれぐらいだろう、と学校案内パンフレットに載っている一覧表

を上から見ていくと、

「青山学院1名」、うん。

「麻布大学1名」、ん⁉

「亜細亜大学3名」、おや⁉

「跡見学園女子大学1名」、……。

あれっ⁉　なんだ、五十音順か。

よく見ると表の一番下ですが、早稲田大学にも合格者がいます。では、慶應義塾大学は？　明治大学は？　探すのに一苦労です。

「高3生みんな、精一杯がんばって合格したんです。ですからどこの大学に受かっても重みは同じです」と先生はおっしゃいます。

それはそうですよね。私もそのがんばりは認めます。でも、これは「広告」です。受験生が憧れるような難関の有名大学に何人合格したのかが一目でわかるようにしなければアピールになりません。

首都圏の私立大学だったら、早慶上理、ＧＭＡＲＣＨという便利な括りがあります。早

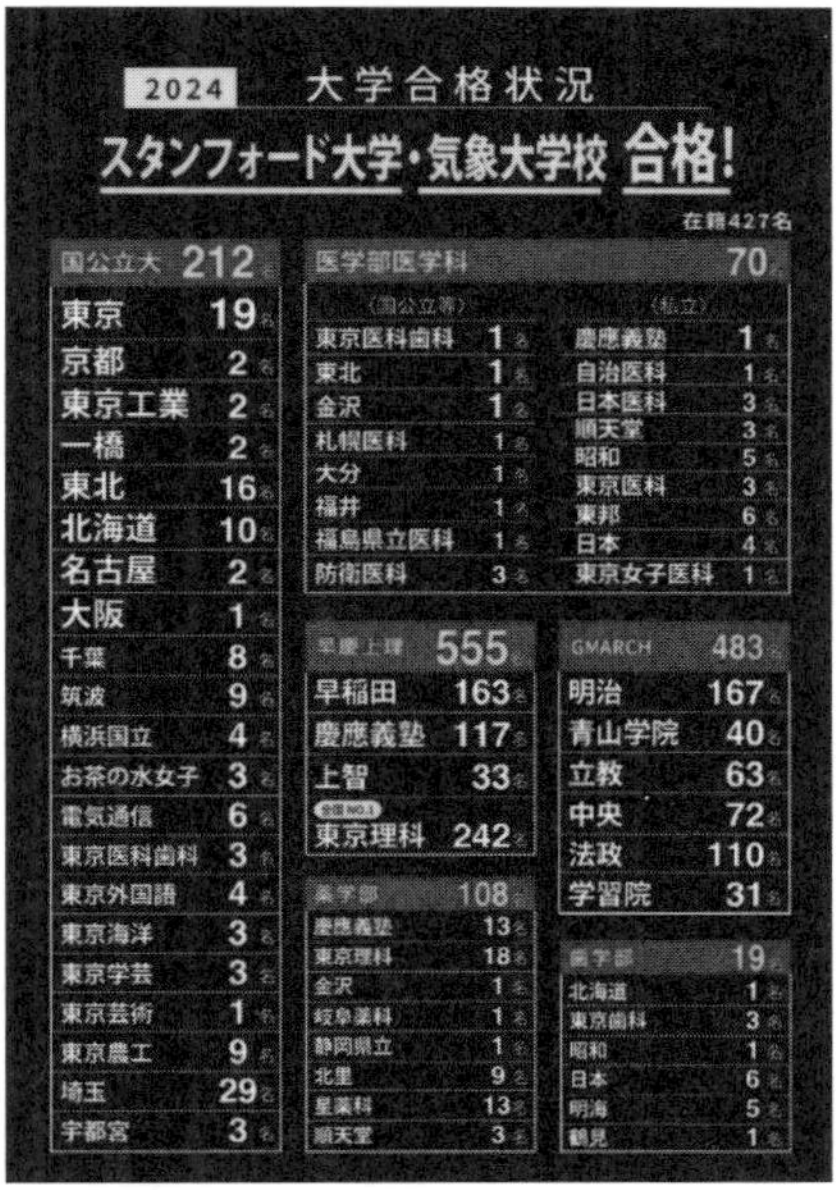

2024　大学合格状況
スタンフォード大学・気象大学校 合格!
在籍427名

国公立大	212名
東京	19名
京都	2名
東京工業	2名
一橋	2名
東北	16名
北海道	10名
名古屋	2名
大阪	1名
千葉	8名
筑波	9名
横浜国立	4名
お茶の水女子	3名
電気通信	6名
東京医科歯科	3名
東京外国語	4名
東京海洋	3名
東京学芸	3名
東京芸術	1名
東京農工	9名
埼玉	29名
宇都宮	3名

医学部医学科 70名			
（国公立等）		（私立）	
東京医科歯科	1名	慶應義塾	1名
東北	1名	自治医科	1名
金沢	1名	日本医科	3名
札幌医科	1名	順天堂	3名
大分	1名	昭和	5名
福井	1名	東京医科	3名
福島県立医科	1名	東邦	6名
防衛医科	3名	日本	4名
		東京女子医科	1名

早慶上理	555名
早稲田	163名
慶應義塾	117名
上智	33名
東京理科	242名

GMARCH	483名
明治	167名
青山学院	40名
立教	63名
中央	72名
法政	110名
学習院	31名

薬学部	108名
慶應義塾	13名
東京理科	18名
金沢	1名
岐阜薬科	1名
静岡県立	1名
北里	9名
星薬科	13名
順天堂	3名

歯学部	19名
北海道	1名
東京歯科	3名
昭和	1名
日本	6名
明海	5名
鶴見	1名

栄東中学校スクールガイド2025

稲田大学、慶應義塾大学、上智大学、東京理科大学、学習院大学、明治大学、青山学院大学、立教大学、中央大学、法政大学という順番に掲載すればいいんです。

　学校案内にこの順番で書いてあったとして、悲しんだり、クレームを言ってきたりする卒業生がどこにいるでしょうか。忖度し過ぎているような気がします。広報上は、見せ方にメリハリをつけて、ウリを明確に打ち出しましょう。

学校の経営戦略において「選択と集中」が必要だと前述しました。しかし、学校改革にあたって、「何をするか」を考えていくと、次から次へとすべきことが出てきて、一つのことに集中できなくなります。選択が難しいのです。こういうときは、いっそのこと「何をするか」ではなく「何をしないか」を決めてしまうといいと思います。

アップル社の創立者スティーブ・ジョブズは、製品開発において限られたリソース（経営資源）をどのプロジェクトに集中投下するかを考える際にこう言ったといいます。「最も重要な決定とは、何をするかではなく、何をしないかを決めることだ」（注3）たしかに創業当初のアップル社の経営戦略はシンプルでした。あれもこれもと手を出してしまうと経営資源が拡散してしまいます。「何をしないか」を決めることで、選択と集中が徹底されるのだと思います。

学校改革も同じ。経営資源は限られています。あれやこれやと手を出すのではなく、ビジョンに従って、選択と集中を実行することが求められます。

学校改革のコツ③「選択と集中」

限られた経営資源を拡散させないためにも、また広報上のウリを明確にするためにも、選択と集中を行い、取り組みをシンプルにしよう。

4．エンゲージメント――100の説明より1つの感動を

高校受験は都道府県によって受験の仕方が異なりますが、多くの地域では、公立1校、私立1校というような受け方です。公立が第一志望で、私立が併願という受験です。これが一般的だと思いますが、中学受験は違います。首都圏の中学受験生は一人平均約6校に出願します。ここでは同じ学校への複数出願も含まれていますから、学校数では4～5校でしょうか。

4～5校に出願するのであれば、学校見学や学校説明会にはもっと多く訪れていることでしょう。ある塾では「10校以上は見ておきなさい」と指導しているそうです。受験生やその保護者は、10校の学校を訪れて、それぞれ約1時間の説明会に参加して、すべての学校の説明を覚えていられるのでしょうか。聞いた説明内容を論理的に整理して比較を行って、受験する学校を決めるなんて到底できませんよね。

そうなると、受験生やその保護者は、どうやって受験校を決めているのでしょうか。

その答えは、「フィーリング」です。

フィーリングってなんだよ！　まじめに答えを期待して損した！　というあなた。これは大まじめな答えです。

そう、**受験生やその保護者は、受験する学校をフィーリングで選んでいるのです。**

フィーリングとは、感覚とか感触のことです。実は、受験生やその保護者は学校説明会で聞いた内容や学校のスペック（特性や性能を示す詳細な情報）を比較して理論的に選んでなんかいません。

入学した後に保護者に理由を聞けば、「教育理念に共感した」とか「手厚い学習指導」などの具体的な項目が挙がるでしょう。でも、実はこれは後づけで、本当は先にフィーリングで選んでいるのです。アンケートをしたら挙がるような具体的な項目は、選んだ後に自分を納得させるために理由をつけただけです。

だってよく考えてみてください。あなたが恋人やパートナーを選んだとき、スペックをよく吟味して決めましたか。多くの方が「何となく気が合う」のようなフィーリングで決めているのではないでしょうか。第一印象で決めたというカップルもたくさんいますよね。

こういう人たちに、「どうしてこの相手に決めたのですか？」と質問をすれば、それな

りに具体的な理由が挙がりますが、それは後づけです。やはり先にフィーリングで決めているのです。

「そうなると、学校説明会って何のために行っているのでしょうか。意味ないですよね。だって、いくら説明したって無駄なんですよね？」と、入試広報担当の先生の悲痛な声が聞こえてきそうです。

いいえ、そんなことはありません。学校説明会は大いに意味があります。**学校説明会は、フィーリングのマッチングの場なのです。**

受験生の保護者からみれば、学校はわが子の教育のパートナーです。だから、校長先生の教育理念の話で「何となく気が合うか」を確認しているのです。もちろん話の内容の影響はゼロではありません。しかし、もっと重要なのは、校長先生の考え方や熱意、人柄です。この人ならわが子を任せられると思うか思わないかがポイントなのです。

同様に続いて登場する教頭先生や教務主任、現場の先生方の話も、内容よりも考え方や熱意が大切です。話の内容は意味がないかと言われれば、そんなことはありません。後づけ理由のために必要です。

後づけ理由について少し解説をしておきましょう。後づけというと否定的に聞こえるかもしれませんが、実はこれはとても大切なものです。特に保護者。受験生の保護者は、他人にお子さんが通っている学校を聞かれたときに、学校名を答えた後に必ず理由を添えます（麻布や開成以外は）。

麻布中学校や開成中学校のように最難関の学校を選ぶのに理由の説明なんていりません。学校名だけ答えれば、相手が納得してくれます。でも、それ以外の学校の場合は、理由が必要になります。だって、保護者の方は「うちの子は開成には受からないので」とは絶対に言いませんので。プライドが許さないからです。そのような心理から、必ず学校名を答えた後に理由が続くのです。

「この学校は英語教育に力を入れていて、海外大学にも多く合格しているみたいなので」

「理系教育に強くて、実験なんかもたくさんやっているらしいので」

なぜか伝聞形式だったりします。本当はとてもよく調べていたりするのですが、受験生本人が決めたことを装うのです。

いずれにしても、選んだ理由というのは受験生や保護者にとって大事なことであり、決して軽んずべきことではありません。


しかし、話を元に戻すと、学校選びにもっとも大事なのはフィーリングです。学校説明会における説明者の考え方、熱意、人柄が重要であることは述べましたが、それ以外に、応対する先生方の姿勢、学校の雰囲気、在校生たちの様子も大切です。

先生方の姿勢というのは、一言でいえば、ウェルカムな姿勢です。受験生に対する寛容な態度と言い換えてもよいかもしれません。

学校の雰囲気というのは、その場に流れている空気感です。受験生によって好みは分かれますが、一般に暗いよりは明るい方がいいですし、汚いよりはきれいな方がいいです。ピリピリしているよりは柔らかなやさしい空気の方が好まれます。どんよりしているよりは清々しい方がよいでしょう。

在校生たちの様子というのは、いま述べたような雰囲気を体現しているかどうかです。明るく、やさしく、清々しい児童生徒たちがたくさんいれば、受験生やその保護者に与える印象はよくなるでしょう。

総括していうと、**受験生はその学校に「居場所」を求めているのです。**自分はこの学校に受け入れてもらえるのかな、自分はこの学校にいて居心地がいいのかな、そんなことをフィーリングとしてつかもうとしているのです。

ある私立中学校では、保護者向け学校説明会と同時に、毎回受験生向け体験授業会を開いています。保護者には説明を聞いてもらい、受験生本人には授業や学校生活の一部を体験してもらうのです。一般に、受験生向けの体験授業の目的は、中学校の授業を体験してもらい、授業の質の高さや先生の力量を感じてもらうことです。言葉で説明されるよりも、実際に体験してみた方が百倍わかりやすいですから。

しかし、この中学校では、それだけでは終わりません。一番大事なのは、受験生同士が仲良くなること。そして、何か思い出を形として持って帰ってもらうことだと言います。

なので、体験授業は協働型の授業であり、何かを制作するプロジェクト型の授業です。

なぜ、見ず知らず同士の受験生を仲良くさせるのでしょうか。それは、学校に入学した後の不安感を和らげるためです。色々な小学校から進学してくる私立中学校では、入学直後に友だちができるかどうかが不安事項の一つです。進学する学校に「居場所」を求めている生徒にとっては、これは何よりも重要な問題です。体験授業が楽しければ、何回も参加します。そうすると、元々は他人だった受験生同士が二度、三度と会って、入学前にもかかわらず友だちになります。そうなると、入学前の不安は一気に解消します。

保護者としては、出願候補校はいくつかあると思うのですが、この時点で、受験生本人にとっては、かなり有力な候補になっているのです。これが学校側の目論見です。

体験授業で必ず形ある成果物を持って帰らせるのも学校の企てです。受験生は保護者に連れられて何校も学校を訪れます。何校も訪れると、そこで見聞きしたことも、どこの学校のことだったかわからなくなってしまいます。

しかし、お土産を持って帰らせている学校は違います。体験授業で制作した成果物は子どもにとっては大切な記念ですので、勉強机の上の見えるところに置いてあります。他の学校とは印象の残り方が違います。保護者が受験生本人に「どの学校に入学したい？」と

◆受験生（保護者）とのエンゲージメント

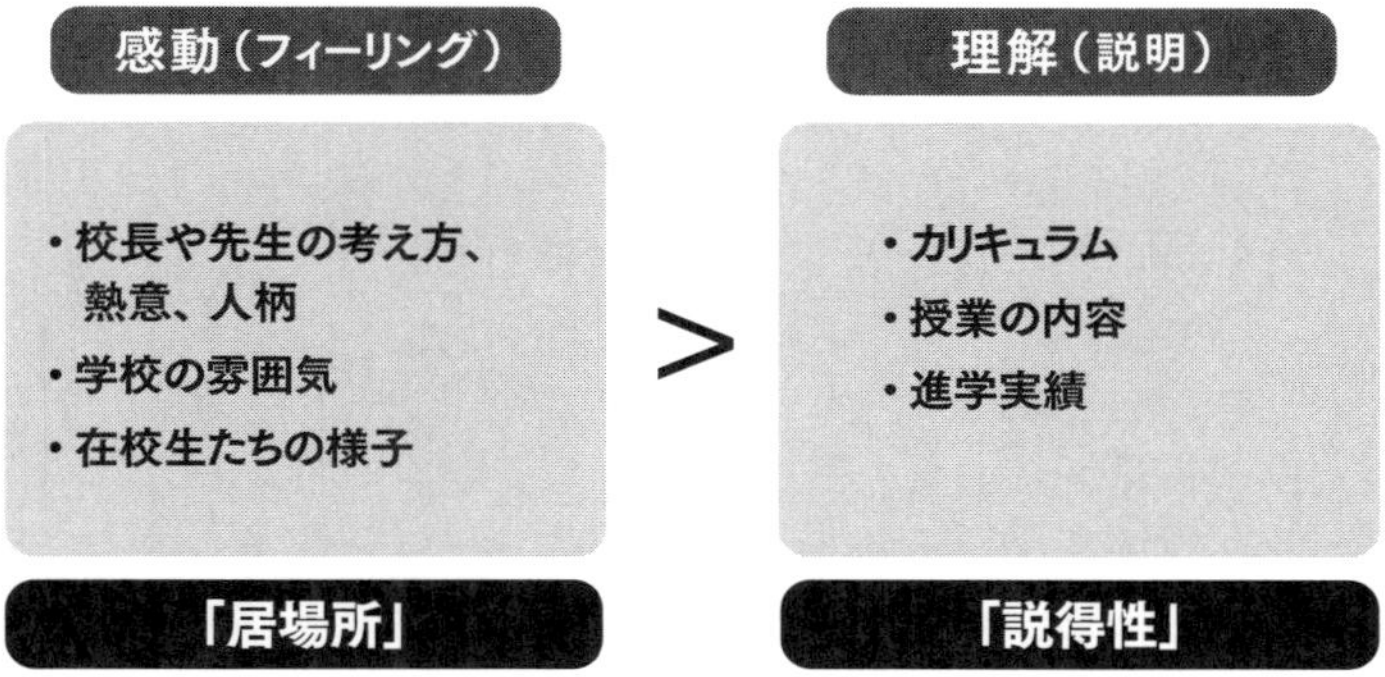
感動（フィーリング）
・校長や先生の考え方、熱意、人柄
・学校の雰囲気
・在校生たちの様子
「居場所」
＞
理解（説明）
・カリキュラム
・授業の内容
・進学実績
「説得性」

聞けば、きっとこの学校の名前を挙げてくれるでしょう。

このように受験生やその保護者と学校の間の信頼関係や愛着のようなものをエンゲージメントといいます。**学校の児童生徒募集・広報活動において、もっとも大切なことは、学校と受験生やその保護者との間に強いエンゲージメントを築くことです。**入学する前の段階から、受験生やその保護者が学校を信頼し愛着をもってくれていれば、受験してくれる確率は高まりますし、入学後の学級運営にもとてもプラスになります。

受験生エンゲージメントを高めるためには、フィーリングが大切です。いくら言葉を尽くしても心が通じ合わなければエンゲージメントは高まりません。

その意味で、私は、学校説明会において大事なのは「感動（心が動くこと）」だと言っています。校長先生は「説明（頭で覚えてもらうこと）」なんてしなくていいんです。受験生やその保護者の心を揺らすエピソードや考えを述べればよいのです。

受験は保護者のわが子に対する愛情の表れです。特に小学校受験や中学受験は、全員がするものではないのに、あえて取り組んでいるのです。それは保護者のわが子を思う気持ちにほかなりません。その気持ちをくみとり、「一緒に子どもを見守り育てましょう」という思いを共有できるような話をすれば、きっと保護者は感動します。

せっかく学校まで来てくれているのに、そこでただ機械的にやっていることを羅列するような説明をするなんてもったいないです。学校に来てくれないと伝わらないものを伝えましょう。そして、資料やウェブでは伝わらない気持ちを伝えましょう。

「学校説明会では、100の説明より1つの感動を伝えましょう」

私は、学校の先生方にいつもこう言っています。

よいフィーリングを与えられれば、それで学校説明会は成功です。

学校改革のコツ④「受験生エンゲージメント」

学校広報で一番大切なことは、学校と受験生や保護者との間にエンゲージメント（信頼関係や愛着）を築くこと。そのためにはフィーリングを大切にして、100の説明より1つの感動を伝えよう。

5. 顧客視点——伝えたいことは伝えない

私立学校の広報活動で一番多くの予算をとっているのは、学校案内パンフレットです。東京の私立中高の場合、中高両方で別々の冊子を作成していれば、一千万円近い予算を使っている場合もあります。カラーで何十ページものパンフレットを作成すると、写真撮影代、コピーライト費、デザイン費とさまざまな費用がかかり、それを何万冊も刷れば、紙代、印刷費だってばかになりません。

こんなに費用をかけて作成しているのに、できあがったパンフレットは、どの学校も似たり寄ったり。あまり違いがわかりません。

表紙は生徒のニコパチ。表紙をめくって最初の見開きには校長先生の顔写真とともに、長々と理念が語られている。あとは、各コースの説明、各教科の説明、海外研修、行事、クラブ活動、制服紹介、アクセス図、みたいなお決まりのページ構成です。

ちなみに、ニコパチとは、ニコッと笑ってパチっと撮った何の変哲もない写真という意味です。いまどき、「こんな写真は〝映えない〟よなー」と思いながら眺めています。

先生方は何か勘違いをされています。学校案内パンフレットって、学校を紹介するものだと思っていますよね。違います。**学校案内パンフレットは、入学後に享受できる教育と学校生活の価値を伝える、もしくは入学したら体験できる価値を伝えるものです。**

自動車を例にして説明します。みなさんがつくっている学校案内パンフレットはトヨタ自動車株式会社の「会社案内」のパンフレットになっています。本当につくるべきものは、クラウンやプリウスという「商品」のパンフレットなのです。

株主には会社案内パンフレットを配ってもいいですが、顧客には商品を売るパンフレットを配らないと意味がないのです。学校案内パンフレットは、これから入学を考えているいわば顧客に配布するものです。学校の商品を売らないといけません。

クラウンのパンフレットを開けてみてください。トヨタの社長の顔写真と長々とした会社理念が書いてありますでしょうか。そんなわけないですよね。

クラウンのパンフレットには、クラウンがいかに上質な乗り心地なのか、クラウンに乗る人がどのようなラグジュアリーな体験を得られるのか、イメージ写真とともに訴えています。パンフレットをめくるたびに、「あぁこの車に乗ってみたいなー」という憧れと期待が湧いてくるようにつくられています。パンフレットの前半には説明なんてクドクドと書かれていません。写真と一言のキャッチコピーで展開されています。パンフレットの前半までで憧れを醸成できれば、後半のスペック（製品仕様）の説明にページを進めてくれます。

学校案内パンフレットの中にも、きちんと商品パンフレットになっているものがあります。京都府の**同志社中学校**の学校案内パンフレットを見てください。公式ホームページにデジタルパンフレットが掲載されています（２０２４年10月現在）。ちなみに私がいま手にとって見ているのは、２０２４年度のものです。

そこには、同志社中学校で展開されている学習プログラムにのせて、生徒たちの生き生きとした姿が描かれています。見ていると、教室で座って受ける授業だけでなく、さまざまなスタイルの学習を経験することができ、ワクワクしながら毎日の中学校生活を送れるという期待感が湧いてきます。

同志社中学校2024年度学校案内

ここでとても大事なことは、「顧客視点」です。受験生やその保護者を顧客とかお客様と呼ぶことに抵抗がある方もいらっしゃると思いますが、企業経営の理論を取り入れることによって発想転換ができると思いますので、あえてこの言葉のままで進めます。

顧客視点、つまり相手の目線になって考えることが大切なのです。学校案内パンフレットを作成する目的は、率直にいえば受験生を増やすためです。少し付け足せば、本校を正しく理解している、学校にふさわしい受験生を増やすためです。であれば、受験生とその保護者の目線になって考えるべきです。**学校側が伝えたいことではなく、受験生側が知りたいことを載せないといけません。**

受験生やその保護者が受験校選択にあたって知りたいこととは何でしょうか。考えてみてください。

保護者は、「この学校に3年間（6年間）通ったら、どのような人に成長するのだろうか」ということに尽きるでしょう。もちろん、「どんな大学に進学するか」ということも含め、「どんな大人になるだろうか」という問いをもってパンフレットを開くのです。この問いに答えるのに、学校で行っていることを要素としてバラバラに提示していて十分でしょうか。あまりにも自分目線過ぎませんか。相手の立場に立ってわかりやすく示してあげましょう。

受験生本人はどうでしょう。「この学校に入ったら楽しく過ごせるかな」、「自分の居場所はあるかな」と、ちょっと期待と不安が入り混じった問いをもっています。それにきちんと答えているでしょうか。

企業が、商品やサービスが売れる仕組みをつくることを「マーケティング」といいます。もちろん学校経営にも当てはまる理論です。

マーケティング理論には多くの考え方や手法がありますが、その一つに**STP分析とい**

うフレームワーク（考え方の枠組み）があります。

Sはセグメンテーション、Tはターゲティング、Pはポジショニングを表します。

私が学校の先生向けによくセミナー等で話していることを書きます。セグメンテーションとは、市場を細分化することです。受験生の属性やタイプでいくつかに分けて考えてみようということです。学校の児童生徒の募集でいえば、単純に住んでいる地域で細分化することができます。通学時間が「30分以内」、「60分以内」、「90分以内」、「それ以上」のような分け方もできます。受験生はさまざまなニーズをもっていますので、たとえば、大学進学に重きを置く人、スポーツやクラブ活動を重視する人、とにかく新しい取り組みをしている学校がよいと考えている人、規律やしつけを重んじる人、といったニーズで分類してみることもできるでしょう。まずは、どのような分類をするかを決めるのがセグメンテーションです。

ターゲティングは、そのセグメントのどこに焦点を合わせるのか、ターゲットは誰なのかを決めることです。「通学時間60分以内で新しい教育に関心が高い偏差値40から50ぐらいの受験生」のように組み合わせで考えてもよいでしょう。ターゲットAはここ、ターゲットBはここ、と複数をターゲティングしてもいいですし、その複数に優先順位をつけるのもよいと思います。

ポジショニングは、そのターゲティングしたセグメンテーションの中で、さらにどのような位置付けをねらうかということです。同じターゲットをねらっている競合校はたくさんあります。その中でも、独自のポジションを築かなければ、競争が起こり、受験生の取り合いになって、お互いに疲弊します。それを避けるためには、ポジショニングが大事です。何をアピールすることでそのポジショニングを確固としたものにするのか、ということを考えなければなりません。

このようにマーケティングを考えようとしても、顧客目線が大切なことがおわかりいただけると思います。学校側が何を伝えたいかではなく、受験生が何を求めているか、それを重視しなければならないのです。万人に受ける教育を提供しなければならないのではなく、自分の学校に合ったセグメンテーションをみつけ、そこにターゲティングしてポジショニングを築くことが大切なのです。

もちろん、自分の学校に合うセグメントが存在しないのであれば、教育そのものを変えなければなりません。時代が変われば人々の教育ニーズは変わります。そのことに敏感に

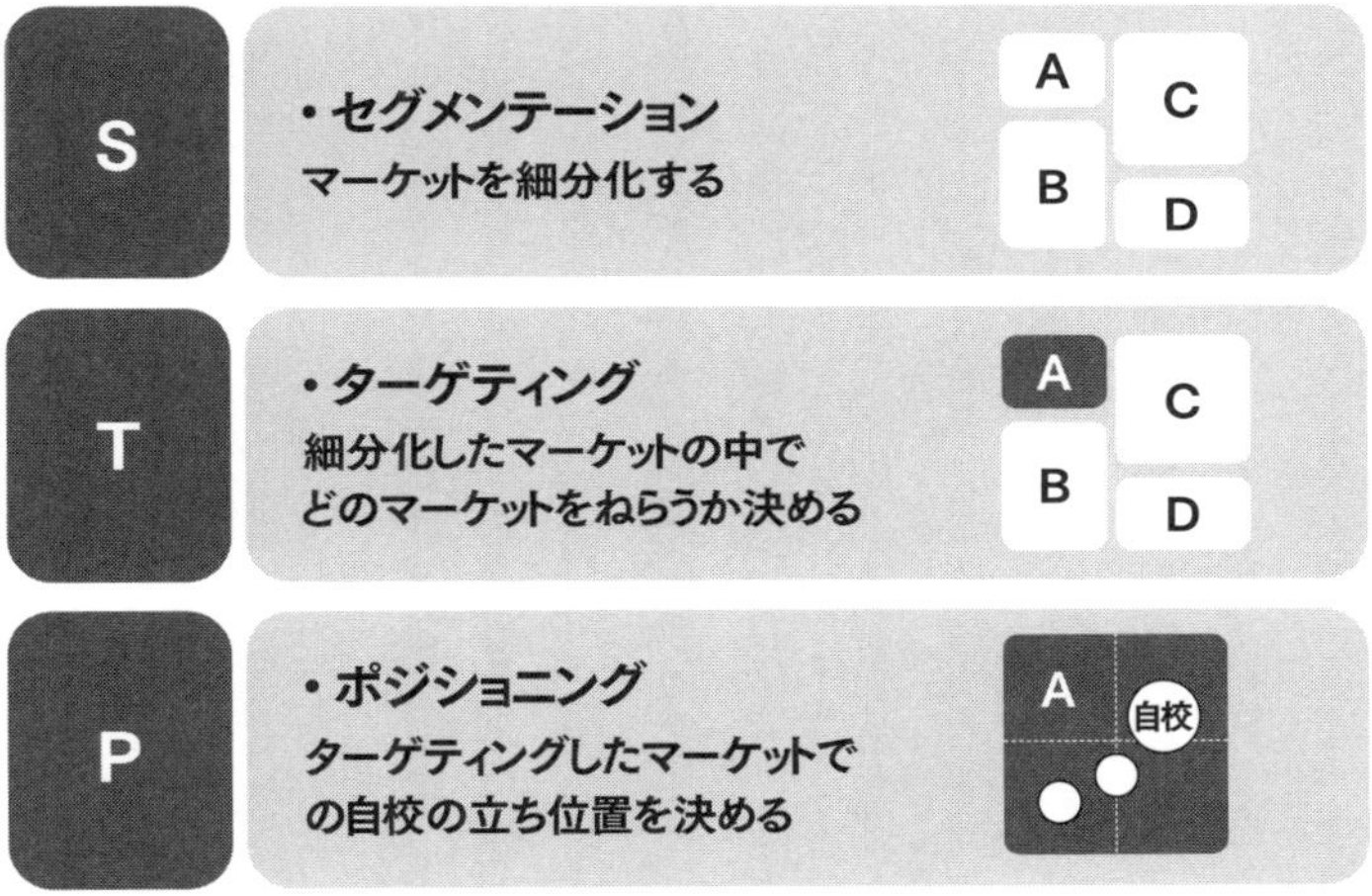

なる必要があります。

一度、ＳＴＰのフレームワークで自分の学校をマーケティングしてみてください。

学校側からみて、ターゲットを絞る一つの方法が入試です。首都圏の中学入試でいえば、東京都と神奈川県の入試が始まるのは毎年２月１日です。受験生側からみれば、その日から入試を受けることができるので、２月１日には第一志望の学校を受験したくなります。だから第一志望を確保したい学校側も、２月１日には入試を実施したくなります。しかし、あえて２月１日には入試を実施せず、初回を２月２日や２月３日にする学校があります。なぜかというと、２月１日に入試を実施している最難関のトップ校と併願する受験生をターゲットとしてねらっているからです。麻布中学校や開成中学校は2月1日に入試を行います。首都圏のトップ層の男子受験生はこれらの学校を受けに行きます。つまり、次のランクの学校群は同日に入試をしてもトップ層の受験生が受けに来てくれないのです。なので、あえて2月2日に入試をズラし、麻布や開成との併願受験生を受けに来させるわけです。

麻布や開成は、倍率が3倍程度です。つまり、トップ層の受験生の3人に2人は不合格になるのです。そこをねらいに行っているのです。受験生側にもその意図は伝わりますので、このターゲットをねらったマーケティングはうまくいっているわけです。

近年は「午後入試」が出現し、2月2日ではなく、2月1日午後にトップ校併願層をターゲティングしている中学校が参入しています。広尾学園中学校や東京農業大学第一高等学校中等部などは、このマーケティング戦略でレベルを急上昇させた学校です。

この入試日程でのターゲティングというのは、あくまでも受験生の学力レベルでセグメンテーションした戦略です。学力トップ層の併願校としてポジショニングしているのです。

一方で、入試内容でセグメンテーションする学校が現れました。以前から男子校では行われていた「算数1科入試」（注4）を実施する女子校が現れたのです。２０１８年度入試で、品川女子学院中等部と大妻中野中学校が算数1科入試を始めたのです。

これまでは、女子は算数が苦手という固定観念があり、算数1科では受験生が集まらないだろうと思われていたのですが、この2校は思い切って「算数が得意な女子」をターゲットにしたということです。時代の変化もあり、固定観念による心配は杞憂に終わり、かなりの受験生を集めました。これを見て追随する学校が増え、現状では女子校で何校かが算数1科入試を実施しています。

この入試内容によるセグメンテーションは、現在では、算数だけでなく、「英語入試」「思考力入試」など多様な視点から行われています。公立中高一貫校を第一志望とする層の併願をターゲットとする「適性検査型入試」という形態も東京の私学で増えています。入試日程や入試科目というのは、受験生に対して強いインパクトをもつので、ターゲティングとしてはかなり有効です。

一方で、教育内容の特色を強調することで、ターゲットを絞る学校も増えています。探究学習やプロジェクト型学習、STEAM学習やグローバル教育といった特色を打ち出すことで、そのような学習を魅力に感じる層をターゲットにするのです。コース制をとるなどの目立つ差異を見せることで、功を奏している学校も多いのですが、教育内容という学校の中身は見えにくいので、うまく広報しなければ伝わりにくいのが実情です。この場合、やはり顧客視点が大事です。学校側の都合ではなく、顧客視点に立って広報をしなければなりません。**学校として伝えたいことは伝えず、顧客が知りたいことを伝える広報に徹しなければいけません。**

学校改革のコツ⑤「顧客視点」

学校広報は、相手の目線になって考えることが大切。学校側が伝えたいことではなく、受験生側が知りたいことを伝えるようにしよう。また、競合を避けるために、ターゲットを明確にした広報を行うようにしよう。

コンサルタントの技①——えくぼ探し

教育コンサルタントが学校に来ると聞くと、必ずと言っていいほど先生たちは身構えます。

「何をされるんだろう」

「教育の中身をすべて変えられてしまうのではないか」

「きっと変な教育プログラムを押しつけられるぞ」

「リストラだ。気をつけないとクビにされるぞ」

なんて、まことしやかに囁かれるようになります。神に誓って言いますが、私は25年間この仕事をしていて、右に書いてあるようなことをしたことは一度もありません。

以前、ある学校で学校改革をお手伝いすることになり、契約を結んだ直後に、職員室で騒動が起きたことがありました。教職員の一部がコンサルタント導入に反対するビラをまいて扇動したのです。すっかり悪者扱いです。私としては、学校がよりよくなるようにお手伝いをしたいと思っているのに、なぜか敵対視されてしまうのです。

コンサルタントというと、そういうイメージがあるのでしょう。世の中には悪徳業者もいるのかもしれません。でも私はそんなことはありません。

リストラなんて、とんでもないです。学校は人が命です。教職員をなんの理由もなく削減するなんて愚策中の愚策だと私は思っています。

また、学校改革に唯一の答えなんてありません。つまり、お仕着せのプログラムを導入すれば成功するなんてことは絶対にあり得ないのです。中には、「この海外研修プログラムを導入すれば、生徒が集まりますよ」とか「この探究学習プログラムを入れれば大人気間違いなしです」などという売り文句を言う業者もいるかもしれません。しかし、私は学校一校一校に違うよさがあるので、それを伸ばすべきだと考えています。特に私学の場合は、独自の建学の精神や教育理念をもっています。それを踏まえない改革なんてあり得ません。ですから、お仕着せのプログラムはお勧めできません。

その学校らしい改革を考えるためには、私たちコンサルタントは、まずは管理職だけではなく、現場の先生方の話をよく聞くところからはじめます。学校によっては、はじめに全教職員からヒアリングをしたこともあります。

生徒募集がうまくいっていない学校は、よい教育を行っているのに、それが外部に知られていないということが原因になっていることも多いです。いや、外部の人が知らないだけでなく、内部の教職員の方々も自分たちのよさに気づいていない場合が多いです。

私が「これこれこういうところがこの学校のよいところですね」と言うと、先生が「え、そうですか。そんなこと当たり前だと思っていました」と返ってくる場合があります。自分で自分のよいところや独自性に気づいていないのです。だから、私は教職員の話をよく聞き、学校の施設をよく見学し、授業や生徒たちの様子をくまなく観察させていただきます。そして、自分たちも気づいていないその学校のよい点を探すのです。

私はそれを「えくぼ探し」と言っています。いつもは気にしていないけれども、笑ったらかわいい笑顔になるのです。でも、えくぼは自分では見えません。他人に言われてはじめて気づくのです。だから、私はまず学校のえくぼを探します。

そして、そのえくぼをもっと魅力的に見せることを考えて提案します。

その人の魅力を知らないまま新しい化粧品を提供しても仕方がないですよね。まずはその人の魅力をみつけ、それを引き出し伸ばすケアが必要でしょう。第三者（外部のコンサルタント）を導入する効果というのは、こういうところに現れるのです。

第2章

教育改革編

1. 学習方略——学習量より学習の質を高める

ここからは、教育改革（児童生徒の学びの変革）の側面から学校改革のコツをみていきましょう。

学校、特に中学校や高等学校においては、いわゆる受験学力偏重の雰囲気があります。国語、数学、英語を主要教科などと呼ぶ学校もあります。「いやいや、体育だって芸術だって主要な教科ですよ」と私は言いたいのですが、とかく高校受験や大学受験に使う教科だけが重要だと捉えられがちです。

そして、私が問題だと感じているのが、この主要（といわれる）教科の授業時間だけを増やすことです。特に難関大学を目指す私立の進学校では、極端に数学や英語を増単位したカリキュラムを組む学校がたくさんあります。そして、そのために土曜日も授業がありますし、平日でも7時間目、8時間目が設定されていて、週あたりの授業時数が公立校より

5～6時間も多いのです。

それでなくても、「カリキュラム・オーバーロード」と呼ばれる生徒にとっての過重な負担が世界的に問題になっているのに、さらに負担を強いているのが日本の中高の現状です。

いま主体的な学びが大切だといわれています。詰め込むのではなく、生徒が自ら学習に取り組む態度を育むことが大事だといわれているのに、これでは詰め込まれることに追いついていくだけで精一杯の状況をつくり出してしまっています。

そこで、意識をちょっと変えてください。**学びは量ではなく質だ**と。生徒の学力を向上させるのに、本当に学習時間を増やすことが寄与しているのでしょうか。

東京大学社会科学研究所とベネッセ教育総合研究所が行った「こどもの生活と学びに関する親子調査2021」という調査・研究があります。ここでわかったことは、**学業成績の良し悪しは必ずしも学習の量によらない**ということです。P.85の上のグラフを見てください。中学生を成績上位層、中位層、下位層に分け、それぞれの一日の学習量（時間）を比べてみたものです。中位層と下位層の間で20分、上位層と中位層の間には9分しか差がなかったのです（注1）。成績と学習時間との間には必ずしも相関がなかったのです。

では、何が成績に相関するのか。この調査では、**学業成績の差をつくり出しているのは、「学習方略」だった**のです。学習方略とは、「学習の効果を高めることをめざして意図的に行う心的操作あるいは活動」（注2）のことです。簡単にいうと、学習活動の進め方や工夫のことです。先述の調査においても、成績上位層と中位層で差が大きかったのは、「自分に合った勉強のやり方を工夫する」、「何がわかっていないか確かめながら勉強する」、「テストで間違えた問題をやり直す」といった質問への回答でした（下のグラフ）。これらはいずれも教育心理学でいう学習方略にあたる行動です。この学習方略の差が学業成績を分けたのです。

学習方略には、いくつかの種類があります。

a）リハーサル方略……記憶材料の提示後にそれを見ないで繰り返すこと

b）精緻化方略……イメージや既知の知識を加えることによって学習材料を覚えやすい形に変換し、本人の認知構造に関係づける操作のこと

c）体制化方略……学習の際、学習材料の各要素がバラバラではなく、全体として相

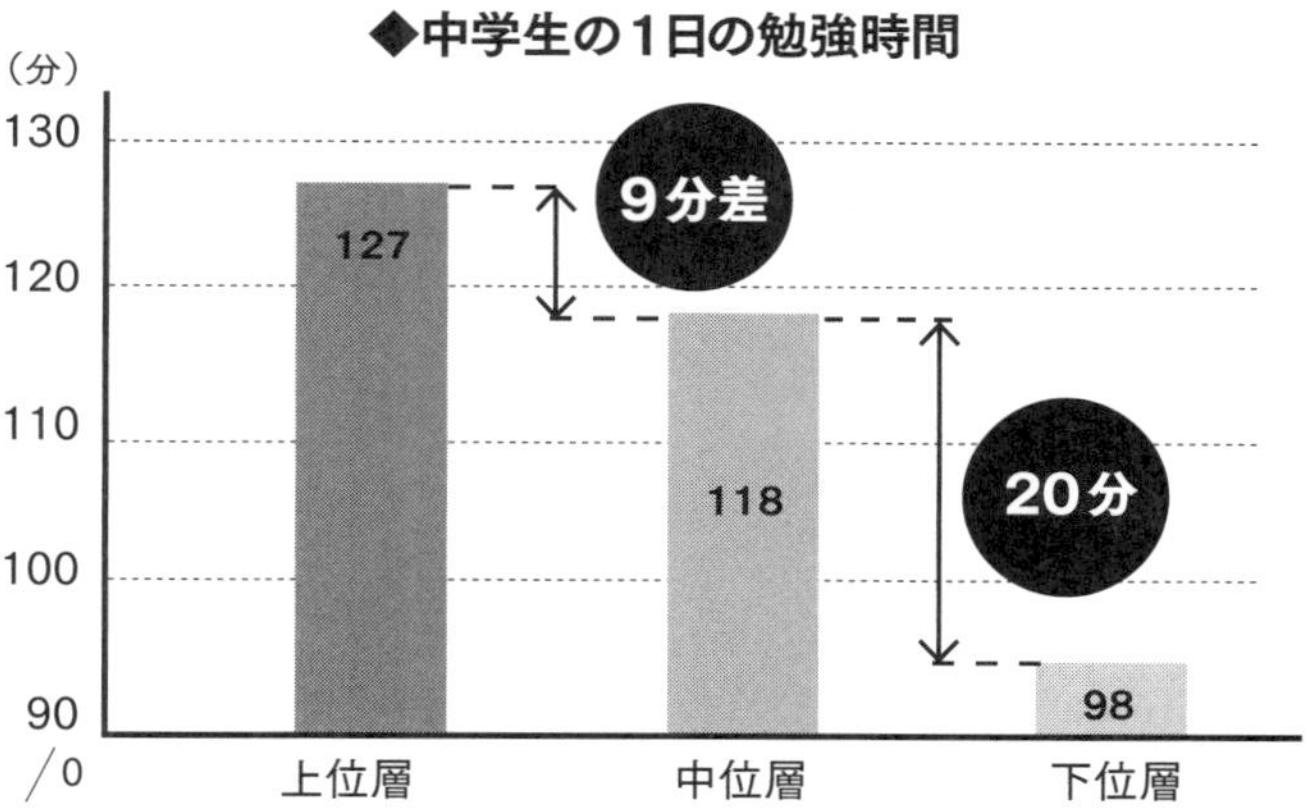
◆中学生の１日の勉強時間
（分）
130
120
110
100
90
0
127
9分差
118
20分
98
上位層
中位層
下位層

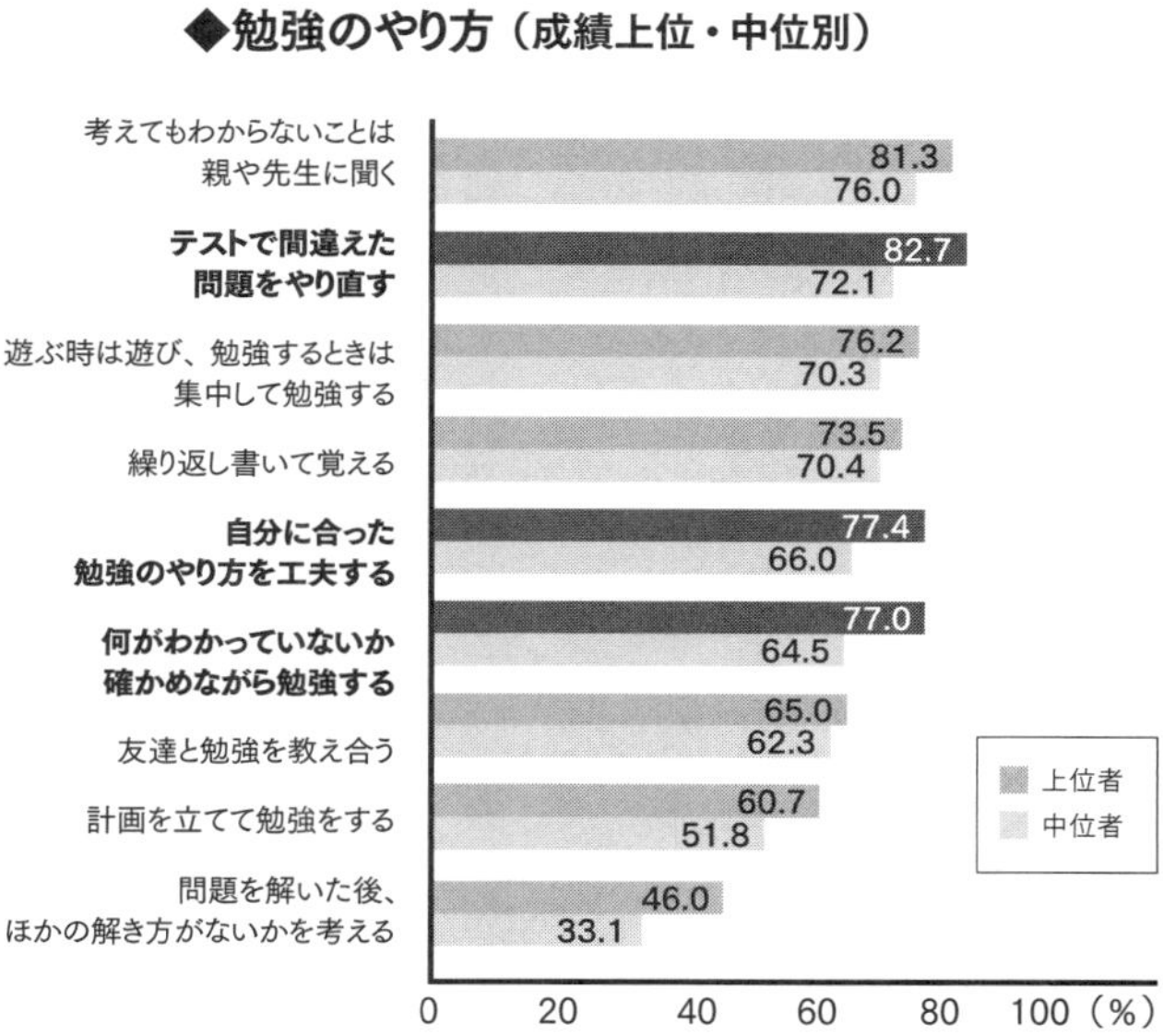
◆勉強のやり方（成績上位・中位別）
考えてもわからないことは親や先生に聞く
81.3
76.0
テストで間違えた問題をやり直す
82.7
72.1
遊ぶ時は遊び、勉強するときは集中して勉強する
76.2
70.3
繰り返し書いて覚える
73.5
70.4
自分に合った勉強のやり方を工夫する
77.4
66.0
何がわかっていないか確かめながら勉強する
77.0
64.5
友達と勉強を教え合う
65.0
62.3
計画を立てて勉強をする
60.7
51.8
問題を解いた後、ほかの解き方がないかを考える
46.0
33.1
上位者
中位者
0
20
40
60
80
100（％）

互に関連をもつようにまとまりをつくること

d）理解監視方略………学習者が自ら授業の単元あるいは活動に対する目標を確立し、それらの達成された程度を評価して、また必要であれば目標を達成するために用いた方略を修正する一連の過程のこと

e）情緒的方略………学習者が自ら注意を集中し、学習に伴う不安を制御したうえで学習意欲を維持し、さらに時間を効果的に用いるように工夫すること

それぞれの方略の具体的方法は次頁の表のとおりです（注3）。

先ほどの「何がわかっていないか確かめながら勉強する」や「テストで間違えた問題をやり直す」は理解監視方略にあたるわけです。

ですから、**学力を伸ばすためには、むやみに学習時間を増やすよりも、まずは学習方略を身につけることを優先すべきなのです。**学習の進め方や工夫の仕方がわかれば、効率的に学ぶことができ、学習の質が上がるということです。

授業においても、同じことがいえます。高等学校や中高一貫校は、生徒が受験を経て入

カテゴリー	具体的方法
リハーサル	逐語的に反復する、模写する、下線を引く、明暗をつけるなど
精緻化	イメージあるいは文をつくる、言い換える、要約する、質問する、ノートをとる、類推する、記憶術を用いるなど
体制化	グループに分ける、順々に並べる、図表をつくる、概括する、階層化する、記憶術を用いるなど
理解監視	理解の失敗を自己監視する、自問する、一貫性をチェックする、再読する、言い換えるなど
情緒的（動機づけ）	不安を処理する、注意散漫を減らす、積極的信念をもつ（自己効力感・結果期待）生産的環境をつくる、時間を管理するなど

学してきます。多くの生徒は学習塾に通い、教えてもらうことに慣れてしまっています。入学直後から通常の授業に入ると、そのままの姿勢で授業に臨むことになります。

そのまま、多い授業時数に対応するためには、生徒はより一層受け身になってしまいます。教えられることについていくだけで精一杯で、自分で考える暇などなく、あっぷあっぷです。これでは主体的な学びなんて到底無理です。では、どうすればよいのでしょうか。

まずは「モード変換」です。**「教えてもらうモード」から「自ら学ぶモード」への変換をしなければなりません。**そのための学習方略を身につけるのです。

私学では、土曜日も授業を実施するので、

学習は量より質

多めに授業時数をとれるという学校も多いでしょう。そうなると主要教科（？）である国語、数学、英語の授業時数を多くとるのが通例です。しかし、量だけ多く詰め込んでも効果がないことは先述したとおりです。まずは学ぶ態勢づくりが優先です。自分で学ぶ内容や学ぶ方法を考える時間が必要なのです。

東京都にある**ドルトン東京学園中等部・高等部**の例を見てみましょう。ドルトン東京学園では、自律的な学習者を育てるという目標に向けて、「アサインメント」と「ラボラトリー」という独自の学習メソッドを展開しています。

アサインメントは、学習内容（単元・テー

マ）ごとに学習の目的や到達目標、学習の方法と手順、さまざまな課題が具体的に示されたものです。生徒は、これをもとに自ら学習プランを設計します。授業はただ教科書通りに先生が教えるのではなく、生徒が自ら目的・目標を鑑みて設計した学習プランにそって進められます。

さらにラボラトリーという時間の中には、自分でテーマを決めて学ぶ自由な時間「オフィスアワー」というものがあります。授業での学びを深め・定着させたり、教員や友人と相談をしたりするなど、自分の学びを自分で創り上げていくことができます。

こうした学習者中心の教育メソッドで、ドルトン東京学園は自律的な学習者を育てる工夫をしています。

他の多くの進学校にインタビューをしてもわかるのですが、難関大学に合格していくような生徒は、学校の授業をまじめに聞いているようなタイプではなく、自分で目標や計画を立てて自分のやり方で学習するようなタイプです。つまり、**独自の学習方略を確立している生徒こそ高学力を実現できるのです。**

こういった独自の学習方略を確立する生徒は、現状では、残念ながら学校の指導というよりは自分の力で成し遂げているほうが多いことは否めません。

芝浦工業大学附属中学高等学校（東京都）は、中学校に「ＳＤの時間」を週2～3時間設けています。ＳＤはSelf Developmentの略で、自立学習を意味しています。教科の授業で習った内容をアウトプットしながら総合化したり、学習を自ら振り返る時間を設けたりすることで、学習内容のさらなる定着に結びつけています。とにかく詰め込んで消化不良になるぐらいだったら、時間割内に余白をもたせて、自分で学ぶ時間を確保しようというものです。

以前は、私立中高一貫校といえば、先取り授業を行い、高校2年生までに高校課程を終わらせ、最後の1年間は大学受験に対応した授業を行うというカリキュラムが成功モデルでした。しかし、大学入試が最終目的ではなく、社会に出てからも学び続ける自律的な学習者を育てることが目的だといわれるようになっているいま、急いで詰め込むよりも、じっくりと基礎を固めながら、自律的で探究的な学びができるように育てることが求められるようになっています。

学習の量より質、詰め込みより学習方略、そしていかに自分で考える時間的余白をつくり出せるか、これが生徒の学びを変える、そして学校を変えるためのコツなのです。

学校改革のコツ⑥　**「学習方略」**

学力を伸ばすためには、むやみに学習時間を増やすよりも、まずは学習方略を身につけることを優先しよう。学校では、児童生徒が自分で自分の学びを考える時間的余白をつくり出そう。

2. モチベーション――やる気の源は一人ひとり違う

学校評価のために保護者にアンケートをとる学校も多いと思います。その中に「お子さんの学力が向上していると思いますか」というような、学力向上についてたずねる項目を設定している場合があると思います。

ある学校で保護者アンケートをとったところ、この学力向上に関する項目の結果が、他の項目よりも低い評価になっていました。結果を分析する会議の中で、「保護者は何を根拠に子どもの学力の向上を判断するのだろうか」という議論になりました。

学校における子どもの成績は通信簿や通知表という形で保護者にも渡しているので、目にしていることは確かです。しかし、絶対評価をしているとはいうものの、成績はやはり相対的なものです。上がる生徒がいれば、下がる生徒も同じぐらいいることになります。そうなるとアンケートの平均値でみればスコアが高くなることはありません。

学年やクラス内の成績の順位であれば、もっと相対的なものです。誰かが上がれば、誰かは下がります。それを聞いた保護者は、上がったと思う人と下がったと思う人が半々になります。アンケートの選択肢は「1．とてもそう思う」「2．そう思う」「3．あまりそう思わない」「4．まったくそう思わない」の4段階で聞くものが多いと思います。すると、結果は1や2の学力が上がったと思う人と、3や4の学力が上がったと思わない人が半々になるのが必然です。いくら先生たちががんばってもこのアンケート項目のスコアは上がらないのです。

校内で相対的にならないものといえば、外部模擬試験の全国偏差値などがあります。進学校であれば、低学年から定期的、継続的に外部模試の受験を行っているので、その結果の推移をみれば、学力が向上しているかどうかはわかるかもしれません。しかし、多くの学校では受験が近い学年にならないと外部模試などは実施しないですし、定期的、継続的に外部模試を受けていても、その結果を覚えていて前回よりも上がったと認識できるような保護者がそれほど多くいるとは思えません。つまり、保護者が子どもの学力向上を認識できる機会なんて、そう多くはないのです。

それよりも、保護者が子どもの学習面での変化を感じやすいのは、「家で勉強するようになった」とか「勉強や進路・進学に対して前向きになった」というような、やる気やモ

チベーション（動機づけ）に関するものです。**学習に対するモチベーションが上がったことを感じることさえできれば、保護者は学力面での満足度は上がるのです。**

では、このモチベーションをどのように上げればよいのでしょうか。モチベーションは脳の働きによって起こります。ドーパミンという神経伝達物質が分泌されて脳内の報酬系という神経系が活発化することにより、やる気が引き出されるのです。

では、ドーパミンを増やすためにはどうすればよいのでしょうか。その一つは行動するときに「ご褒美」を想像することだそうです。ご褒美といっても色々ありますよね。お金や何かモノをもらえるとか、褒められるといったように、他人に何かを与えられることもご褒美ですが、一方で単に自分が気持ちよい、嬉しい、達成感があるということもご褒美になります。

これを心理学的にいうと、**「外発的動機づけ」**、**「内発的動機づけ」**などといいます（注4）。外発的動機づけは行動の要因が評価・賞罰・強制などの人為的な刺激による動機づけのことであり、内発的動機づけは行動要因が内面に湧き起こった興味・関心や意欲による動機付けのことです。

先ほどのお金や何かモノをもらえるとか、褒められるとかは、外発的動機づけであり、自分が気持ちよい、嬉しい、達成感があるなどは内発的動機づけです。

これまでは、内発的動機づけの方がよい動機づけで、外発的動機づけはよくない動機づけだといわれていました。学習する動機づけとして、先生に褒められるためとか、お母さんに怒られないためというのはよくないと。テストでよい点をとるとお小遣いを増やしてくれるなどという外発的な動機づけもよくないと。逆に、学習が楽しいから、数学が好きだからのように内発的な動機づけがよい動機づけなのだといわれていました。

たしかに、物質的なご褒美は限界がありますし、目に見えるご褒美がないと学習しないというのは喜ばしくないことです。しかし、子どもたち皆が学習は楽しい、この教科が好きというような状態になるのも難しいです。

内発的動機づけを重視するあまり、先生たちが、いかに授業を面白くするか、興味深いものにするかに奔走し、疲弊している姿もよくみます。授業を面白くしても、それがきっかけで教科自体に興味をもってくれたり、学習そのものが好きになってくれたりすることなんてなかなかないです。興味や関心が一過性で終わってしまうことも多いでしょう。そうなると先生たちの力で内発的動機づけを喚起すること自体が難しいのではないかと思われます。

近年の教育心理学においては、外発的動機づけを細分化するとともに、動機づけ自体を学習者自身が調整するのだという理論が趨勢になってきています。その一つが「自己決定理論」といわれているものです。自己決定の観点からいうと、外発的動機づけは、左の図のように4段階に分けられます（注5）。

「外的調整」は報酬を受け取るためや罰を避けるためなど、外部からの統制（期待や要請等）に従う動機づけであり、もっとも自己決定性（自律性）が低い外発的動機づけだとされ

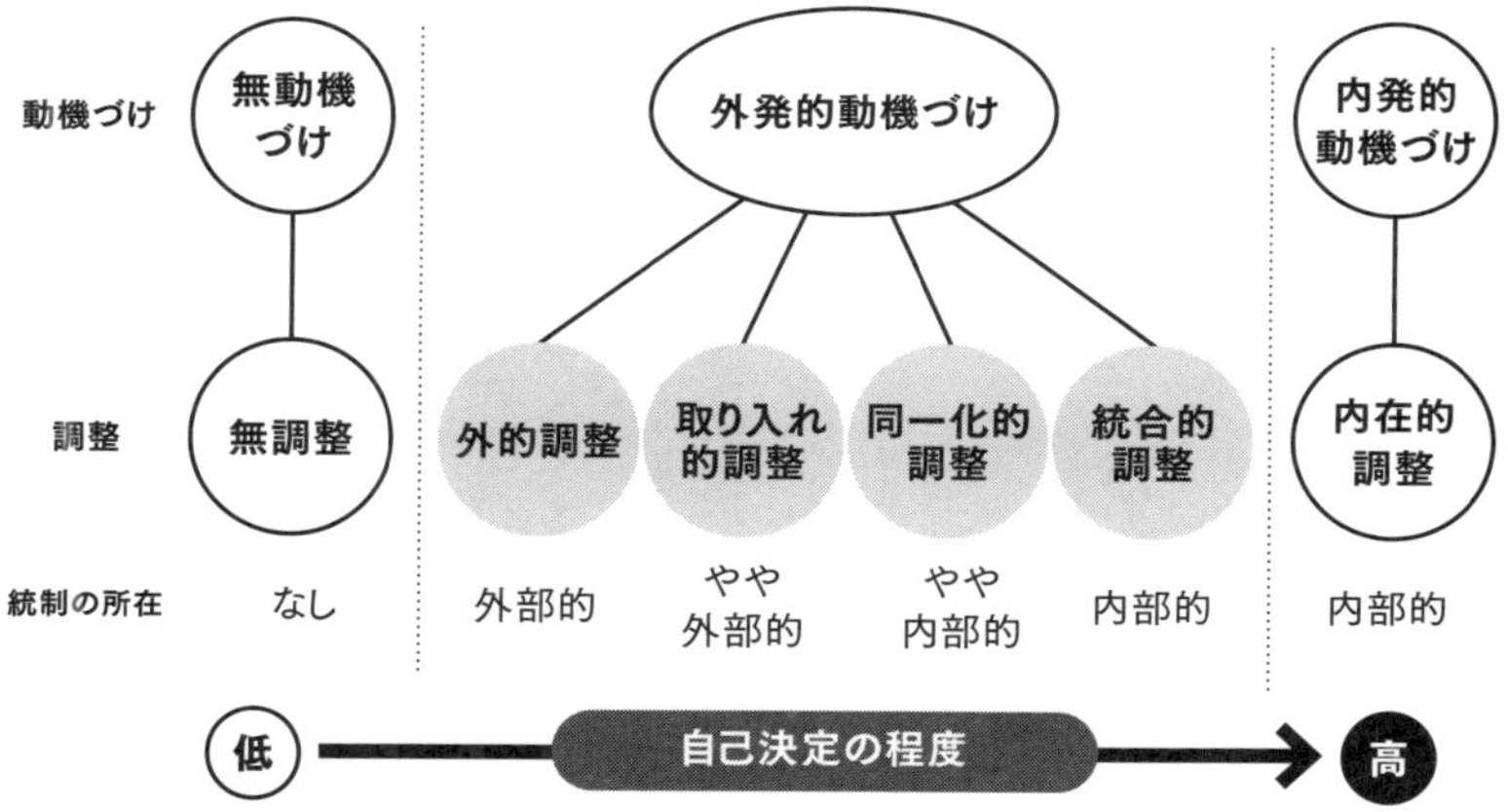

ます。**「取り入れ的調整」**は、自尊心を維持させるために、あるいは人前で自尊心が傷つくことを恐れるがゆえに、外部からの統制（期待や要請等）を内部に取り入れて自己内調整をして従う外発的動機づけです。外的調整よりは、自我関与が加わっている分、若干自己決定的ではありますが、統制の所在は外的調整と同様、外部寄りにあります。**「同一化的調整」**は、外部からの統制（期待や要請等）に価値を認め（「重要だ！」「有用だ！」など）、積極的に自己内に取り込んで、選択的に、個人的に関与して行動する動機づけです。**「統合的調整」**は、外的な統制（期待や要請等）に価値を認めるだけでなく、それを自己の他の側面と有機的に統合して行動する動機づけです。たとえば、「私は将来学者に

なりたい」といった自己の他の側面と統合して、学習に動機づけられるような場合がそうです（注6）。

このように、**外発的動機づけは、外的要因が強いものから弱いものまであり、これらの動機づけを学習者自身が自己調整して、徐々に自己決定の度合を強めていきながら学習することが重要である**という考え方が学術上も台頭してきています。

少し難しい話になってしまいましたが、私が述べたい趣旨は、やる気やモチベーションも子ども自身が自己調整することが大事だということです。そして、その方法は人それぞれだということです。

ここで東京都の**本郷中学校・高等学校**の例をご紹介しましょう。本郷の教育方針の一つに「自学自習」があります。その具体的な取り組みとして、「本数検」があります。正式名称は「本郷数学基礎学力検定試験」といいます。中学1年生から高校3年生まで全生徒が取り組む本郷オリジナルの検定試験です。中1、中2は学年ごとの問題ですが、中3以降は数ⅠA、数ⅡB、数ⅢCから選択します。そして、それぞれの検定試験の得点に応じて、「級」が取得できます。たとえば、100点満点で、90点以上は1級、80点台は2級……といった感じです。

この検定試験は長期休暇明けに行います。検定試験を行う以前は、夏休みに1学期の内容を復習させたり、宿題を出したりして半ば強制的に数学の勉強をさせていました。しかし、この検定を実施するようになってからは、自主的に数学の学習をするようになったそうです。本数検のポイントは、①点数ではなく級を与えること、②級の取得者を職員室の前などに掲示していること、③本数検の結果は成績に加味しないこと、④全学年縦割りで参加することです。

試験を実施して点数をつけるだけですと、生徒は減点された部分が気になって、マイナス思考になりがちです。しかし級を与える検定の形式であれば、昨年より上がることに思考を集中させることができ、プラス思考で学習ができます。また、結果を校内に貼り出す場合、点数だと明確な順位が出てしまい、競争を煽ることになってしまいます。そして、個人情報の観点からも保護者からのクレームが入る場合が多いです。それに引き替え、級の取得の貼り出しですと、栄誉を称える貼り出しですので、生徒本人も嬉しいですし、保護者からのクレームにもなることはありません。そして、本数検の結果を成績に反映させないということも、生徒のモチベーションを上げる工夫といえるでしょう。

学校の試験というと点数がつき、それが成績評価に直結するという固定観念があります。それを打ち壊しているのが本数検のよいところです。成績評価のために学習するという動機づけは、自己決定理論からいえば、「外的調整」か、せいぜい「取り入れ的調整」という自己決定度合が低い動機づけです。

では、生徒たちはどのような動機づけでこの本数検のための学習に取り組んでいるのでしょうか。そこに4番目のポイントが関係します。生徒たちは、先輩に追いつき追い越したい、後輩に負けたくないという思いがあります。本郷の教育方針のもう一つは「文武両道」です。クラブ活動を通じて縦のつながりをとても大切にする文化が培われています。憧れの先輩に追いつけ追い越せというモチベーションがクラブ活動の中だけでなく、学習面にも現れてくるのです。これは外発的動機づけとしては自己決定度合が高い「統合的調整」といえるものですし、検定でより上の級を目指すということ自体が楽しい、やりがいがあると思っていれば、内発的動機づけになっている生徒もいることでしょう。

あえて学習を成績評価から切り離し、自分のために学習するモチベーションにつなげているこの取り組みは、動機づけの面からみてもなかなか面白い取り組みといえるでしょう。

これまで、教育とは先生が児童生徒に教え、それを理解し覚えているかどうかを測定して評価することだと理解されていましたが、その固定観念を捨てることが大切なのだと思います。**これからは、教育とは児童生徒自身が自分のやる気を自己調整しながら主体的に学ぶものだと理解しなければなりません。**その発想の転換こそが学校を変えるコツの一つなのです。「教育」とは「**教**え**育**てる」のではなく、「**教**わりながら自分で**育**つ」ものなのです。

学校改革のコツ⑦ **「モチベーション」**

学習においては、児童生徒自身がモチベーションを自己調整しながら、より自己決定度合の高い動機づけに発展させていくことが大事。学校は、無理に強制的に学習させるのではなく、より自己決定度合が高い動機づけに発展できるようなサポートを心がけよう。

3. 主体性——学びの主体性はまず生活の主体性から

小学校低学年において、よい学級といったら、どんな様子を思い浮かべますか。子どもたちが静かに先生の言うことを聞いていて、先生が発問すると、ピンと手を伸ばして手を挙げる。そんなクラスを思い浮かべませんか。

先生がクラスの子どもたちを完全掌握し統率がとれている状態をよい学級というのが一般的でしょう。

でも、こんな学級は、ここまでの成長の段階で「手はお膝!」「お口にチャック」などと仕込まれているのだと思います。

学習規律や躾教育という名の下に管理教育がいまだに行われている現実があります。

これは小学校だけではありません。幼稚園でも家庭においても行われている日本全国にみられる教育スタイルです。子どもたちは、小さい頃から大人に管理され、指示通りに行動することがよいことだと思い込まされています。

ずっとこのような環境で育ってきて、小学校の高学年や中学生になった途端に、「主体的に学びなさい」なんて言われても、子どもたちは戸惑ってしまいます。

このように子どもを管理する社会は、日本の文化や風土からくるものなので、そう簡単には変わらない、と私は思っています。

日本は国土が海で隔てられた島国で、「ムラ社会」です。人より目立つことを恐れ、人に迷惑をかけることを避け、協調性を大事にするという文化をもつ社会です。そのような社会において、何もわからない子どもを守るためには、大人の言う通りに行動させるのが一番です。

狭い空間の中で、子どもが騒いだり、走り回ったりしたらどうなるでしょうか。周りの大人たちはイラつき、野蛮な時代だったら、怒鳴られたり制裁を受けたりすることになります。もしかしたら、その状態を許した保護者も同罪とみなされ、集団から追い出されてしまうかもしれません。

子どもを、そして家族を守るためには、何もわからない子どもは大人の言うことを聞かせるのが一番。これが日本の文化なのだと思います。

しかし、現代の子どもたちは、縄文時代や弥生時代のように、一生同じ集団（ムラ）で過ごすわけではありません。大人になれば、異なる集団と交わり、さまざまな文化の人たちと交流をしながら生きていかなくてはなりません。そして、いまやそれが国境を越えてグローバルになっています。ムラの大人の言うことを聞いているだけで生きていけるほど優しい世界ではないのです。しかも、現在は、ＶＵＣＡ（注7）といわれるように、先行きが見通せない変化の激しい社会です。これまでの経験や知識が必ずしも通用しない社会になっており、大人の言うことだけ聞いていれば生きていけるという生やさしい世界ではないのです。

だから、いま**自分で考えて自分で行動できる主体的な人が求められている**のです。そして、そのために子どもたちは主体的に行動する練習をしなければならないというわけです。

文化的背景から小学校低学年まで受動的な学びを強いられているのは仕方ないとして、小学校高学年や中学生ぐらいからは主体的に行動する練習をしないといけません。

学習指導要領でもいわれている「主体的・対話的で深い学び」を実現することが強く求められているのですが、学校現場ではちぐはぐなことが行われています。

というのは、学校生活面では管理的に締めつけておいて、学習面で主体的に学べと言っているということです。

中学校や高校では「ブラック校則」などといわれる厳しい校則が制定されている学校が多くあります。髪型や服装について細かく禁止事項が決められているのです。中には、下着の色の指定やツーブロック禁止など、人権侵害といってもいいぐらいの不合理なものもあります。

校則の是非を話し始めると長くなるのでここでは割愛しますが、いずれにしても学校生活における主体性を著しく阻害する要因だといえます。

このように生活面で厳しく締めつけて管理しているのに、学習面だけ主体的になれ、と言われても子どもたちは困ります。**まずは、生活面での締めつけを最低限にして、自分で判断する部分を増やしてください。**

東京都の**鷗友学園女子中学高等学校**は、都内でも指折りの進学校ですが、ガリガリ勉強させる学校ではありません。創立当初から学習指導面で「学習者中心主義」を貫いていますが、生徒指導の面でも生徒の主体性を重視しています。

この学校の校訓は「慈愛（あい）と誠実（まこと）と創造」というものですが、その精神を大切にしている先生方は、生徒たち言動を肯定的に受け入れることを大事にしています。生徒からの提案や要望に無意識に反対してしまいがちなので、まずは生徒の話を聞いて、肯定することから始めようと意識をしているというのです。生徒たちの自発的な活動を先生がいちいち制止してしまったら主体性は育ちません。生徒たちの提案をまずは肯定的に受け止めて、それを実現できるように後押ししてあげる。これが鷗友学園のやり方です。それに応えるように、生徒たちは問題が起こっても自分たちで解決するように動いています。

女性のファッションはどんどん新しい流行が起こります。一般に中高生たちは新しいファッションを取り入れようと躍起になることも多いと思います。しかし、学校には制服があることも多いですし、学びの場に相応しくないファッションは、とかく問題を起こしがちです。鷗友学園では、一部の生徒が相応しくない髪型や服装などをすると、先生たちが制止する前に、生徒たち同士で話し合いが始まるそうです。そして、問題は解消していきます。

学校にタブレット端末などのＩＣＴ機器が取り入れられると、ゲームをしたりYouTubeを見たりと、遊びに使ってしまうような場合も多いと思います。鷗友学園の場合は、生徒たちが利用ルールの制定に動いたそうです。

鷗友学園はＢＹＯＤ（注８）でコンピュータ端末を利用しています。低学年は、特にリテラシー面での懸念が伴います。そこで上級生が動きました。高校２年生の有志が、中学生に向けての利用マニュアルを作成したのです。私も手に取って見ましたが、「ＢＹＯＤのすすめ」という手作りの冊子です。活用方法はもちろん、依存症やＳＮＳでのトラブル回避などのノウハウがまとめられています。ＹＥＳ・ＮＯで答える診断チャートや、使わないほうがよい機能ランキングなど、生徒ならではの目線で楽しませる工夫もされています。

生徒指導面で教師中心主義の「学校が決めたことが正しい。言ったとおりに動きなさい」という価値観を押しつけてしまったら、学習指導面でいくら学習者中心主義だといっても、ダブルスタンダードになってしまい、生徒が混乱するだけです。その点、鷗友学園では学校生活でも学習面でも生徒中心主義が貫かれ、そのことが生徒の主体性を育てることに強く寄与しているのです。

クラブ活動で「試合が近いから朝練をしていいですか?」と生徒たちが要望を出してきたとき、面倒だなと思って、「規則だからダメ」と言いがちです。でも、「そうか、試合が近いからもっと練習したいんだね」と肯定的に受け止めてあげることが大事です。朝練自体を認めてあげることもできるかもしれませんが、どうしても不可能であれば、「朝練じゃなくても、練習量が確保できればいいんだよね」と代替案を促すこともできます。端から否定されることを繰り返すと、児童生徒たちの主体性はどんどん削がれていきます。まずは肯定的に受け止めてあげて、要望が受け入れられなくても、やりたかったことを実現してあげられる代替案を考えるように促してあげることはできると思います。

いま全国の学校で、校則の見直し運動が始まっています。先生の中には、校則を緩くしてしまうと生徒たちがどんどん非行の方向へ進んでしまうと心配している方も多いと思います。たしかに子どもたちは大人に比べて人生経験も少ないですし、遊びの世界への誘惑を断ち切る意志や判断力も弱いかもしれません。しかし、だからと言って、何も自分で考えさせずに大人の言う通りにさせるだけでよいのでしょうか。勝手放題にしてよいということではなく、**まず自分たちでルールを考えさせ、それを大人たちと話し合いながら決め**

ていくということでいかがでしょうか。主体性というのは勝手放題とは違います。自分ですべて決めて勝手に行動するということではなく、自分で考え、周りとの調整をしながら行動するということです。そのような経験を中高生ぐらいまでにしなければ、主体性のある人に育つことは難しいです。

学習面で主体性を育てるためには、まず学校生活面で主体性を重んじることが大切です。

主体性の育成は、ぜひ学習面と学校生活面の両輪で考えてみてください。それが生徒を、そして学校を変えていくコツだと思います。

学校改革のコツ⑧ **「主体性」**

「主体的な学び」と「主体的な学校生活」は両輪。主体的に学ぶ生徒を育てたいと思えば、まずは学校生活における主体性を重視しよう。校則や学校のルールは生徒たちが中心になって見直してみよう。

4. メタ認知――何がわからないかがわからない

ある学校の数学の先生と雑談をしていたとき、数学が得意な子と苦手な子の違いの話になりました。その中で、こんな例がありました。

解けない問題について質問に来たときに違いがわかるというのです。数学が苦手な子は、質問に来たときに、「どこがわからないの？」とたずねると、「全部」とか「どこがわからないかがわからない」というようなことを言うのだそうです。逆に数学が得意な子は、「ここまではわかるんですけど、答えが合わないんです」とか「この公式を使うというところまではわかるんですけど、その先がわからなくて」というような言葉が返ってくるそうです。

つまり、自分が「何がわかっていないのか」をわかっているかどうかの違いなのです。「わかっていないことをわかっている」なんて変な言い回しですが、これはとても大事な能力です。

ある高校の進路指導部の先生に聞いた別の例もお話ししましょう。ある生徒と進路希望の面談をすると、いつも自分の学力に合っていない高いレベルの大学名を言うのだそうです。ふだんから、学習の面でも、クラブ活動の面でも、高い目標を目指し過ぎて、いつも失敗して挫折を感じているのだそうです。最近は、自信を無くしてしまって、逆に急に弱気になったりもするそうです。

このような生徒は、自分の強みや弱み、自分の実力のレベルを客観的に把握することができていないのです。自分を客観的に見ることができ、適切なレベルの目標を設定し、具体的に達成に向けた計画を立てることができることは、とても大切な力なのです。

これは心理学の用語の「メタ認知力」になります。**メタ認知とは、自らの認知活動を高次なレベルから認知する、つまり俯瞰的に自分を見つめることです。**「メタ」という言葉は、「高次の」や「一段上の」という意味をもつ接頭語です。つまり、メタ認知は、高次の認知、一段上の認知ということで、自分の見る、聞く、書く、話す、理解する、覚える、考えるといった認知活動をもう一段高いところから捉えた認知ということです。

たとえば、人に話をするときに、「どのように話したらわかりやすくなるだろうか」と

考えたり、「話すときに事例を交えた方がわかりやすくなる」と判断したりするのが、メタ認知です。

アニメ番組などで、主人公の空想の中に、悪魔の自分と天使の自分が出てきてささやくシーンがあります。たとえば「サザエさん」のカツオくん。お父さん（波平さん）が大事にしていた盆栽を壊してしまったシーン。どうしようかと悩んだときに、黒い悪魔のカツオくんが浮かんできて、「このまま放っておいて自分がやったんじゃないと言えばいいよ」と言い、一方で白い天使のカツオくんが浮かんできて、「いや、やはり正直に謝ったほうがいいよ」と言うシーンです。

これこそ、メタ認知です。２つの選択肢を

比較検討して判断をしようとしていたり、自分を客観視する自分が登場したりするのはメタ認知のおかげなのです。まあ、カツオくんの場合は適切でない判断をして、後でお父さんに怒鳴られるのがオチなんですけど。でも、メタ認知力の素養があるので、将来は社会で活躍する人になるかもしれません。

学習の場面でいうと、「自分はケアレスミスが多いから、ちゃんと見直しをしてから提出しよう」というようなことはメタ認知の一つです。

そのほかにも、学習場面においてメタ認知はこのように働きます。

「今回のテストの点数がいつもより悪かったので、解き直しておこう」
「どれぐらい勉強すればよいかわからないので目標を立ててみよう」
「食事をすると眠くなるので、家に帰ったら、夕食前に必ず1時間勉強をしよう」
「机が汚いとやる気が出ないから、勉強をする前には、必ず机の上をきれいに整理整頓しよう」

このようなことを自分で考えて行動することがメタ認知です。これは、第2章第1節でお話しした学習方略につながります。
例で挙げた先の2つは、理解監視方略にあたります。そして、後の2つは、情緒的方略にあたります。この2つの学習方略は、まとめてメタ認知方略などと呼ばれることもあります。

理解監視方略は、自分が立てた目標に対して達成度合いを測りながら調整していく学習法です。自分がどれだけ理解しているかを自己監視するということができないといけないので、メタ認知力が必要になります。

また、**情緒的方略**は、自分が学習しやすい心理状態をつくり出す学習法ですので、自分がどんなときに集中できるか、どんな状態だと学習意欲が向上するかといったことを把握しておかなければなりません。自分を客観的に把握するということが求められるという意味では、まさにメタ認知力が必要な学習方略といえるでしょう。

このように学習にとってメタ認知はとても重要なポイントです。これを意識させる指導をすることで、生徒たちの学びは大きく変化します。

学校教育の中で、生徒のメタ認知力を伸ばすためにもっとも有効なのは、さまざまな場面で振り返りを実施することです。総合的な学習の時間、総合的な探究の時間はもちろんのこと、各種行事、課外活動、そして教科の授業の中でも振り返りを行うことを重視してください。

授業では、はじめに学習目標や学習のめあてを提示していると思います。まず、それを児童生徒が自分事として捉えていることが大事です。「先生が何か言っているなー」と児童生徒が思っているだけではだめです。自ら主体的にその目標を達成しようと考える姿勢が必要です。

授業の最後には振り返りを行いましょう。実情をいえば、時間が足りなくなり、最後の振り返りがおざなりになることが多いと思います。先生がまとめの言葉を発して、それで終わり、なんてよくあることです。でも、これではだめです。授業内容よりも振り返りのほうが大事だと思うぐらい発想の転換をしてください。振り返りをしなければ授業をしたことにならないというぐらいの気持ちをもって、きちんと時間をとりましょう。そして、必ず児童生徒が自分自身で振り返るようにしてください。この振り返りをきちんとできる力そのものが大事なのです。**「振り返り力」がメタ認知力の基本**だと考えてください。

学校のメタ認知力を身につける取り組みの例を見てみましょう。

大阪府の高槻中学校・高等学校では、メタ認知能力を高めるための取り組みをしており、それらを「メタ学習」と呼んでいます。その一つとして、「学修インタビュー」について紹介しましょう。

学修インタビューは、どちらの学校でも行っている三者面談の変形版です。通常の三者面談は、先生が座っていて、机を挟んだ逆側に生徒と保護者が2人並んで座っているスタイルで話をしますよね。先生VS生徒・保護者チームです。

それに対して、学修インタビューは保護者が参加する三者の会合であることは同じなのですが、生徒VS先生・保護者チームとなります。つまり、生徒が一人でプレゼンテーションするのを、先生と保護者が聞くというスタイルで行われます。

生徒は、学習や行事などを通じて、どんな経験や学びをして自分がどう変容したのか、成長したのかを振り返り、5分間の「自分プレゼン」を行います。その後、先生と保護者は質問を行うことで、その内容を深めていきます。最終的には生徒が「1年でこんなところが成長した」と自覚できるようにします。そのことで、生徒のメタ認知力を高めていくのです。

このことは、生徒の学びに向かう姿勢の向上や、新たな学びの実現に大きく貢献します。自分の人生の責任者として自らを成長させていく力を育んでいくのです。

高槻中高では、学修インタビューの前後で調査をしてみたそうです。すると、自己効力感が有意に高まっていることがわかったそうです。大学生と比較しても自己効力感が高く、成果を実感したといいます。

メタ認知力を育てるためには、質問で関わることが大切です。高槻中高では、日頃の授業における生徒への「言葉かけ」も重視しています。指示やアドバイスではなく、生徒の発言を深掘りすることが大切だといいます。

高槻中高は、以前からハイレベルな進学校として有名な学校ですが、２０１０年頃から、この学修インタビューも含めたメタ学習に力を入れた改革をしており、いまでは詰め込み型の教育に対抗するニュータイプの進学校として、一段と人気のある進学校に変化を遂げています。

この事例に見られるように、一定の実績がある進学校といえども、時代に合わせて学校改革を行い、変化を遂げていく学校は少なくありません。**「メタ認知」のように新しい視点を取り入れて、学校経営を見直していく**ことも考えてみてほしいと思います。

学校改革のコツ⑨ **「メタ認知」**

メタ認知とは、俯瞰的に自分を見つめること。学習においては、自分の理解を自己監視できること、自分の情緒的状態を自己コントロールできることがこれにあたり、とても重要。振り返りを強化して、メタ認知力を身につけることで、生徒たちの学力を伸ばす取り組みをしてみよう。

5. 課題設定――探究のポイントは「問い」

私は、仕事がら全国の小中高等学校の研究授業や公開授業などを見学させていただく機会が多いのですが、近年は総合的な探究の時間など、「探究」と銘打った授業を見させていただくことが多いです。

しかし、見ていてしっくりこない授業が多いのです。多くの教育研究者の方々から聞いた話もあわせて考えると、**いま全国の多くの高校で行われている総合的な探究の時間の授業は、探究と呼ぶのにふさわしくないものばかりなのです。**その理由をいくつかあげましょう。

- 課題解決のサイクルが回っておらず、単なる体験学習になっている。
- 問いや課題があらかじめ設定されており、単なる調べ学習になっている。
- 生徒が主体的になっておらず、あいかわらず受動的な学びになっている。

いかがでしょうか。あなたの学校の探究は右記のようなことはないですか。

なぜこのような誤解が起きてしまうのかというと、先生方が探究の本質に気づいていないからです。**探究は学びのパラダイム転換です。**パラダイムとは、特定の時代や分野において支配的な規範となる「物の見方や捉え方」のことです。つまり、探究はこれまでの時代の学びの見方、捉え方を根本的に変えるものだということです。

これまで支配的だった学びの捉え方は、教科書に書いてある知識を先生が生徒に教えるというもので、生徒はやる気があろうとなかろうと、受動的に学ぶというものでした。しかし、新しい時代の学びの捉え方は、生徒自らが学ぶことを見つけ出し、主体的に学ぶというものです。それが探究です。

こういうと、先生方は「そんなこと、できるはずがない」と言うかもしれません。なぜできないと思っているのか。理由をあげれば、一つは「自ら学ぶことを見つけることはできない」ということでしょう。そして、もう一つは「生徒が主体的に学ぶことはできない」ということでしょう。

先生方はここで思考が停止してしまうことが多いです。何か新しいことに取り組もうとすると、「できない理由を考える」というモードに入ります。職員会議でもよく見る光景です。そういう場面に居合わせた私は、**「できない理由を考えている時間があったら、どうやったらできるかを考えましょう」**と言います。

では、「自ら学ぶことを見つけることはできない」を「どうやったら、自ら学ぶことを見つけられるか」に変換してみましょう。

子どもたちは大人と違い、社会経験が乏しいので、世の中を生きていくのにどのような知識や能力が必要かを知りません。それをわかるようにしているのが学習指導要領です。必要な知識を体系的に整理してプログラム化しているのです。

「ほら、やっぱり教科書通りに教えればいいんだろう」というツッコミが聞こえてきそうです。私は基礎知識の習得を否定してはいません。しかし、あえて言わせてください。先生方にお願いしたいのは、**「この教科を学ぶ意義は何か、何のためにこの教科を学ぶのかを生徒に伝える」**ということです。そして、この教科を通じて本質的にどのような資質・能力を身につけるべきかを生徒に教えてください。このことを本心から理解した生徒は、教科書に書いてあることを先生が逐一解説しなくても、「自ら学ぶことを見つける」ことに近づいていると思います。

生徒が自ら学ぶことを見つけるためには、全教科の学習範囲をわかっているだけでは条件が足りません。その中で、「自分が学びたいことは何なのか」ということを決めなければなりません。私はこの学ぶことを見つけることを3つの「や」と言っています。戦国武将毛利元就が三人の息子たちに三人が力を合わせることが大切だと説いた「三本の矢」の話にあやかって名づけた（というほどでもないが）のが3つの「や」です。

生徒が自分の学ぶことを見つけるためには、「やりたいこと」「やれること」「やるべきこと」の交わりを見つけようというフレームワークです。

「やりたいこと」はすぐに見つかります。子どもたちは「好きなこと」はいつも意識しているので、それを「やりたいこと」にすぐに変換できるのです。教科でいえば、好きな教科はすぐに言えます。職業なども自分に身近なもので、「YouTuber」とか「ゲームクリエイター」などと思いつきます。「ディズニーランド」や「アニメ」などの好きなエンターテイメントもすぐに思いつきます。

しかし、「やれること」となると少々難航します。これは自分の資質・能力を踏まえて、この分野を探究することが可能かどうかということです。

そして、さらに難しくなるのが「やるべきこと」です。それを探究することが誰かの役

◆学ぶべきことを見つけるフレームワーク

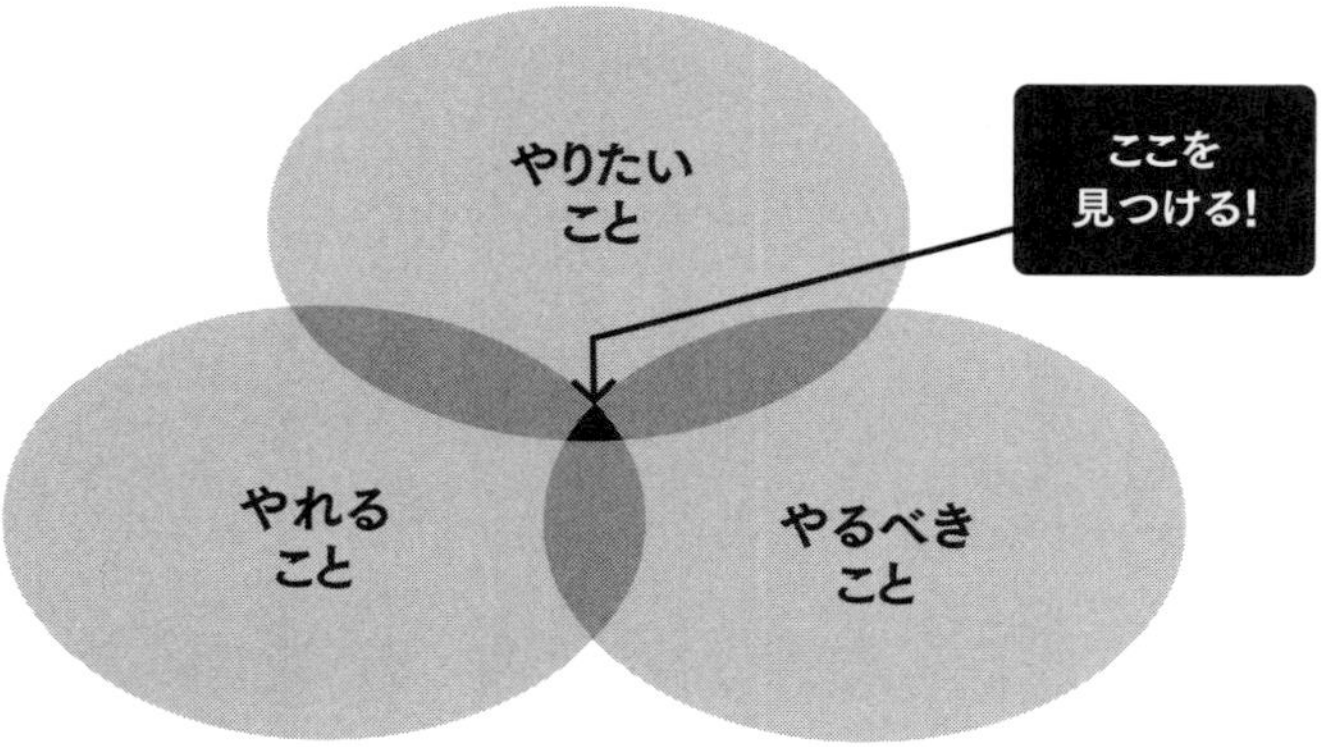

に立つのか、何かを新たに生み出すのか。探究の意義を問うているのです。

この3つの「や」が重なった部分が学ぶにふさわしい分野、つまり探究すべき分野です。

このような方法で探究すべき分野を見つけたとして、もう一つ、「いかに主体的に学ぶか」というハードルが残っています。主体的に学ぶためには「学びたい」というモチベーションが必要です。モチベーションについては別章で詳しく述べていますが、**もっとも根源的なモチベーションは「なんだろう」「なぜだろう」といった「疑問」や「問い」です。**知的好奇心と言い換えてもよいかもしれません。

小さな子どもは知的好奇心が旺盛です。大人がうるさいと思うぐらい「どうして」と聞いてきます。「どうして空は青いの？」「どうして雨は冷たいの？」「どうして鳥は飛べるの？」。

そして大人が付き合っていられないぐらい小さな不思議に食いつきます。アリの巣を見つけたりすると飽きずにずっと観察しています。

このような知的好奇心をどこで失ってしまったのでしょうか。それは、小学校に入ってから、知識は与えられるものというクセがついてしまったからです。教室で座って待っていれば、先生が来て１時間目は国語、２時間目は算数とあらかじめ決まったメニューの献立を用意してくれるのです。自分で獲物を追いかける必要がないですよね。知識は自ら取りにいくものではなく、口を開けて待っていれば与えてくれるものだと思ってしまうのです。

こうして知的好奇心を失っていきます。その上、徐々に難しいことを学ぶようになっていきます。学びたいと思っていないのにどんどん難しいことを与えられたら、ますますやる気を失っていきます。そして、学びは崩壊します。そうです。教科書に書いてある知識を先生が生徒に教えるという学びのパラダイムはもう限界にきているのです。そこで、児童生徒自らが学ぶことを見つけ出し、主体的に学ぶというパラダイムへの転換が図られているのです。知的好奇心をもう一度復活させるのです。

東京都の**安田学園中学校・高等学校**では、新学習指導要領に改訂される以前から「探究」を重視してきており、中高一貫1年生から5年生までのオリジナルの探究プログラムを実施しています。

安田学園の探究は「答えのない問い」を見つけ、それに挑む力を養うことを目的としています。「観察・体験」を通して「疑問」をもち、それに対する「仮説」を立て、「検証」し「考察」する。この5つのプロセスを大切にしています。また、本物の観察や体験を通して、自分が興味をもったことを学ぶ楽しさや、新しいことに触れたときの感動を味わうことを重視しています。

一貫1年生では、学校の隣の公園にいるダンゴムシ、磯の生き物の生息場所、一番飛ぶ飛行機選手権、一貫2年生ではトキの放鳥をテーマに5つのプロセスを理解し、体験します。磯の生き物の生息場所とトキの放鳥については、宿泊行事を伴ったプログラムであり、東京では体験することのできない内容になっています。この2つの探究活動は文化祭で全員がポスター形式で発表を行っています。3年生では、都市・文化と人間について考えることをテーマに文化社会学的な探究活動も行います。そして、4年生では全員がそれぞれの探究テーマを設定し、個人探究を行います。この個人探究は「頭のどの部位の髪の毛が傷みやすいのか」「不協和音だけで音楽をつくるとどうなるのか」「スカイツリーの建設により墨田区にはどのような経済的影響があったのか」などテーマは多分野にわたり、生徒それぞれが自分の本当に好きな分野についていきいきと探究しています。個人探究は論文としてまとめ、5年生では英語でプレゼンテーションできるように進めています。

このように安田学園では5年間の探究活動を通してコミュニケーション能力、情報収集能力、準備力、共同力、やりきる力など総合的な力を身につけることをプログラム化していますが、やはり「答えのない問い」を見つけ、それに挑むことを最大の目的としています。この**問いを立てる力こそが探究にもっとも大切なことだ**ということがよくわかるでしょう。

探究は、①課題の設定→②情報の収集→③整理・分析→④まとめ・表現→⑤振り返りという過程をサイクルのように繰り返します。しかし、このサイクルがきちんとできていな

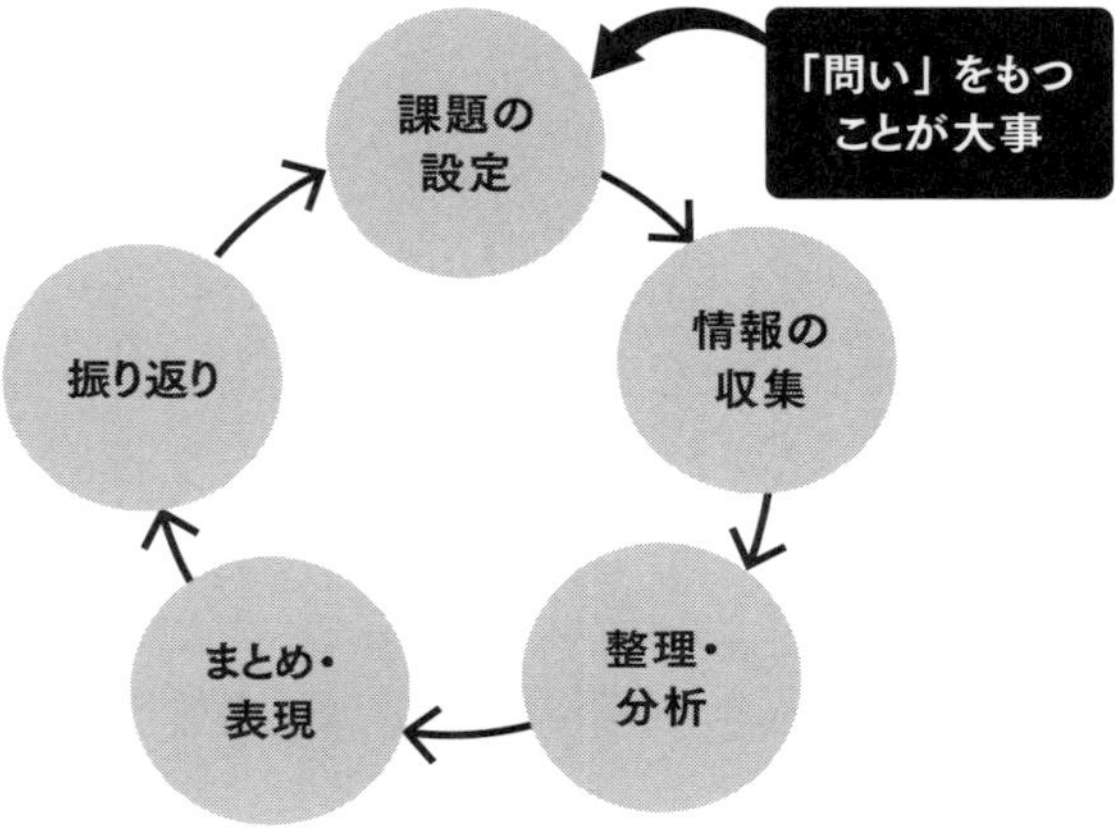

い探究活動を行っている学校もかなりあります。問いを自分で見つけ、自分で仮説を立て、それを検証するための情報を集め、分析をしてまとめて、最後は発表を行い、振り返りを行う。このサイクルこそが学びの基本です。このそれぞれの過程の学び方やスキルを学ぶことはとても大切なことです。

しかし、探究にはもっと大切なことがあります。それは、課題設定のもとになる「問い」をしっかりもつことです。これがないと、探究のサイクルはきちんと回りません。ところが、問いをもつことは、与えられる学習に慣れてしまった中高生にはとても難しいことです。探究の課題設定につながるような良質な問いを見つけるには時間がかかります。それでも答えを与えず、急かさず、じっくり待ってあげないといけません。

小さな子どもがアリの巣を見つけたとき、急いでいるからといって、観察を中断させて急かしたりしなかったでしょうか。それは探究のもととなる知的好奇心の育成の邪魔をしてしまったと思います。中高生になっても本当は知的好奇心が奥底に眠っています。それを表出させ、本当の学びに誘うためには、手をかけて教えてあげるのではなく、主体性が発露するまで見守ってあげることです。「問い」からはじまる本当の学びを、子どもたちの手に戻してあげましょう。

学校改革のコツ⑩「課題設定」

探究とは、本来の学びのあり方を子どもたちの手に取り戻させること。自ら「問い」を立て、それを自分の力で解決する。その際に必要となる知識を身につけていくのが、本当の学び。探究をきちんと成立させることができれば、子どもたちの学力は飛躍的に向上する。探究を成立させるために重要なのは、サイクルのはじめの「問い」の質。「問い」を立てる力を重視した探究プログラムを構築しよう。

コンサルタントの技②――エビデンス

私たち教育コンサルタントの仕事は、学校の問題点を探り、それを改善する方法を提供し、改善できるまでサポートすることです。しかし我々は、学校から見れば、いわば「よそ者」です。その学校のことをよくわかっているかどうかでいえば、それは学校の先生の方が上回ります。問題点を探り、課題を提示するのですが、先生によっては「学校のことを何も知らないくせに」みたいな発言をされることがあります。それを言われたらその通りです。なので、コンサルタントはある武器を使って説得します。それは、「ファクト（事実）」と「ロジック（論理）」と「エビデンス（根拠）」です。

まず、ファクト・ベースで話をしないと、何が問題なのかの時点で合意が得られません。人は自分の目で見たり、自分の耳で聞いたりしたことを事実だと思いがちです。しかし、それはある事象の一側面、一部分であることが多いのです。他の人から見れば違った解釈になることはざらにあります。そこで、我々が行うことは、多くの人の話を聞くことです。多面的に見て、より事実に近づけます。

また、再現性のあることであれば、実際に私たちのような客観的な第三者が実際に見聞きすることも必要になります。

このようにファクトを洗い出したら、それらを「相関」や「因果」でつなげてみます。ここにロジックが必要になります。論理の飛躍があると説得性がなくなります。

相関と因果はきちんと分けて考える必要があります。問題解決には原因を探ることが大事です。表に現れた問題を表面的に解決しても、原因を元から断たなければ、いずれまた同じ問題が起こるでしょう。原因を探るということは、因果関係をさかのぼるということです。因果というのは、２つの事象のどちらが原因で、どちらが結果なのかが明らかな関係のことです。

よく間違えるのは、相関を因果だと思ってしまうことです。相関は、２つの事象が影響をもって関わり合っているということです。関係はあるのですが、どちらが原因でどちらが結果かはわかりません。また、擬似相関といって、違う原因がどこかにあって、その結果として２つの事象が相関しているように見える場合もあります。

たとえば、過去の統計を見ると、アイスクリームの売上が多い年は、水難事故の件数も多くなっています。この2つの事象はデータ上では相関しています。では、因果関係があるといえるでしょうか。アイスクリームの売上が多ければ、水難事故が増えるという因果関係があると仮定しましょう。そうすると、水難事故を減らすためには、アイスクリームの売上を下げればよいことになります。でも、「みんなでアイスクリームを食べないようにしよう!」とキャンペーンをしたところで、水難事故は減りません。

この場合、気温が高いとアイスクリームが売れる、気温が高いと水難事故が増えるというように、別の要素が入って、あたかも相関があるように見えているということで、擬似相関というのです。改善策を考えるときには、原因を特定しないといけないので、因果関係を見極めることが大切です。

因果関係のようなロジックを明らかにするためにはファクトを積み上げることが大切ですが、そのファクトが本当かどうかを示すことが重要です。それがエビデンスです。

エビデンスとはファクトの根拠を示すことですが、そこにはデータがとても威力を発揮します。ここでデータといっているのは、主に数値による情報のことです。数値にすると、統計的な分析が可能となり、ファクトやロジックを説明しやすくなるのです。

事実を数値化するためには、数に着目して記録を統合しておくことが必要です。学校で扱うデータでは、人数、回数、枚数、点数などがあります。それらをつなぎ合わせて統合することでさまざまな分析が可能になります。

入学前から在校中、そして卒業後までの一連の取り組みを統合して学校経営を行うことを「エンロール・マネジメント（ＥＭ）」といいます。また、学校内にあるそのようなデータを分析して学校経営に活かすことを「インスティテューショナル・リサーチ（ＩＲ）」といいます。このＩＲを活用したＥＭは、大学では一般的になりつつありますが、小中高等学校ではまだこれからです。

私たち教育コンサルタントは、このような視点で学校のお手伝いをしています。経営の質を向上させるためにも、ぜひデータを活用した経営を試みてください。

第3章
学校組織編

1. ビジョン――向かう方向を明確に示す

「恥を知れ」
「怒るな働け」
「誠のほかに道なし」

いずれも、東京都にある私立中高の校訓です。シンプルで真髄をついた言葉ばかりで、聞いているだけで身が引き締まる思いがします。

どこの学校の校訓かといいますと、「恥を知れ」は大妻中学高等学校、「怒るな働け」はかえつ有明中・高等学校、「誠のほかに道なし」は三輪田学園中学校・高等学校です。いずれも、100年以上の歴史をもつ伝統校です。

これらの校訓や建学の精神といわれる言葉は、私学であれば必ずあるものです。創立者がその学校の教育に対する思いを込めてつくったもので、その学校の教育の根幹を表しています。ですから、各校とも創立から長い年月を経ても大事にしています。

しかし、長い年月が経ち、創立者が亡くなり、組織が大きくなり、時代が変化し、世の中が複雑化していくと、校訓や建学の精神だけでは、学校の教育の目標として十分ではなくなります。

そうなると、その時代に合わせた具体的な目標が必要になります。それを私は「教育ビジョン」と呼んでいます。教育ビジョンは多くの場合、その学校が育てたい生徒像を表した言葉です。たとえば、先ほどの大妻中学高等学校ですと、校訓は「恥を知れ」ですが、教育ビジョンにあたる言葉として、「自らの学びで自らを育み世界に羽ばたき生涯にわたって世界で活躍できる女性を育てます」というものがあります。いま学校としてどのような人を育てようとしているのかが、より具体的にわかります。

教育ビジョンは、児童生徒や学校外の人々にその学校の教育の目指す姿や方向性を知らせるだけでなく、学校内部（教職員）に対しても目指す姿を示し共有する効果があります。そして、こうして共有された教育ビジョンをもとにカリキュラムや年度方針を立てることになります。

企業の経営に「ビジョン」という言葉がよく使われるようになったのは１９８０年代以降のことです。「マネジメントの父」といわれる経営学者のピーター・F・ドラッカーは、著作「ネクスト・ソサエティ」の中で、このように述べています。

「ネクスト・ソサエティにおける企業の最大の課題は、社会的な正当性の確立、すなわち価値、使命、ビジョンの確立である。他の機能はすべてアウトソーシングできる」（注1）

つまり、ミッション（＝使命）、ビジョン（＝将来像）、バリュー（＝価値）が企業マネジメントの中枢であるということです。それ以降、頭文字をとってＭＶＶが企業のマネジメントにおいて大事であるといわれるようになり、いまでも経営上のキーワードとして重要視されています。

ミッションとは、企業や組織の果たすべき使命のことです。簡単には達成することができない目標の場合が多く、どちらかといえば抽象的な言葉が多いです。組織が創立されるときに掲げられ、組織が続く限り追い求めるものです。ミッションは経営理念という言葉と近い概念で、教育分野では、建学の精神、教育理念、校訓などに相当します。

ビジョンとは、企業・組織がミッションを実現するために実施すべきことや実現したい未来、理想像のことです。どちらかといえば、具体的で、中長期的な目標になっていることが多いです。ミッションは一度決めたら変更することはないものであるのに対して、ビジョンは実現したい未来であるため、環境の変化等によって見直し、変更するものです。

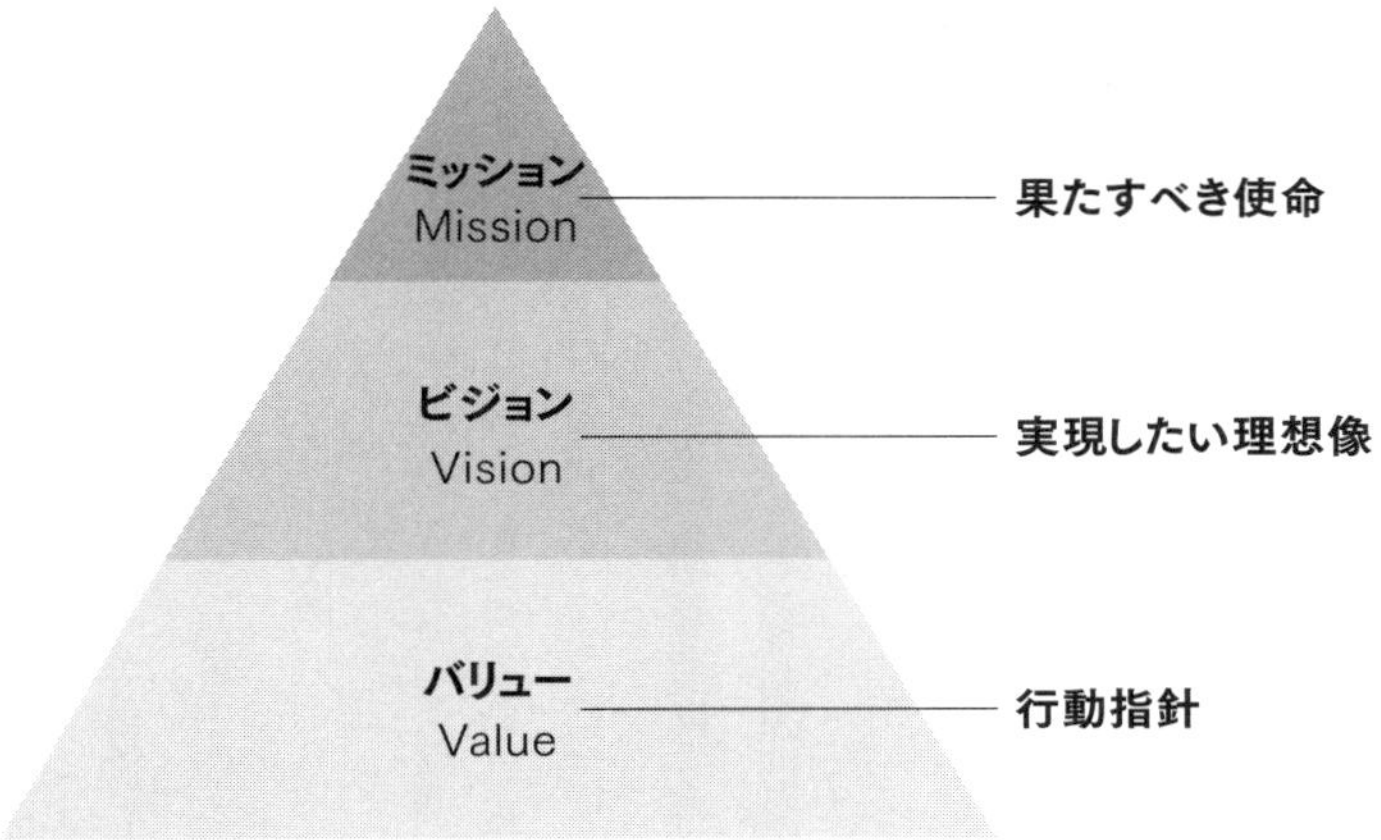

教育ビジョンは教育目標に近い概念ですが、より具体的に育てたい生徒像を描いたものです。この学校を卒業し、将来大人になったときに、こんな人になってほしいという思いを込めてつくられます。

バリューとは、企業・組織の価値基準や具体的な行動基準のことです。つまり、ミッションやビジョンを実現していくにあたって、経営者や従業員が何に重きを置き、どのように行動すべきか、という判断基準です。近い概念として、クレドというものがあります。学校においても、先生たちの行動指針やクレドを制定しているところがあります。

学校を変えていこう、学校改革を推進しようとなるときは、時代の変化に対応できなくなったときが多いと思います。学校改革においては、ミッションである建学の精神や校訓を変える必要はありません。私学は創立者の寄附行為ではじまっています。創立者の教育への思いである建学の精神や校訓を変えてしまうのであれば、学校を閉じてしまったほうがいいと私は思います。ですから、建学の精神や校訓を変えてはいけません。

では、学校改革をするためにどうすればよいかというと、教育ビジョンを変えるのです。または、ビジョンが曖昧になっている場合は、教育ビジョンを見直し改定するのです。学校の社会的使命は不変でも、時代が変われば、具体的な目標像は変わるということです。

この**新たな教育ビジョンをもとに、教育方針やカリキュラムなどを変えていきます。**教育ビジョンを変えるということは、目指すべき生徒像が変わるということです。そのことはすなわち、生徒が身につけるべき資質・能力が変わるということです。身につけるべき資質・能力が変わるということは、生徒が学ぶカリキュラムや学び方が変わるということです。もちろん、先生たちの指導のあり方も変わります。

このように考えていくと、学校のほとんどが変わってしまうことになります。しかし、建学の精神や校訓は変わらず、学校としてのアイデンティティやＤＮＡは変わりません。

大きな学校改革を進めるときに、私が理事長や校長に言うのは、「変えられないものは何か、決めてください」ということです。

建学の精神や校訓は変えません。あとは何を守りますか。校名は変えませんか。男女共学の種別は変えませんか。校地・校舎は変えませんか。

この**変えないものの特定は学校改革のポイントの一つ**です。具体的に議論が始まってから、大きな部分で変えるか変えないかの議論に戻ってしまったら混乱して時間がかかってしまいます。変えないと決めたもの以外は変える俎上に載っても文句を言わないというあらかじめのルールが必要です。

人間は保守的な生き物です。できれば何も変えたくはありません。ですから、学校改革なんて人間の本性に対抗する行為です。変えるには精神的なエネルギーがいるのです。改革を進めるにあたっては、変えないと決めた部分以外はすべて白紙に戻しましょう。変えるのではなくイチからつくっていく。その方が気楽です。もちろん、実際はすべてゼロに戻すなんてことはできませんが、それぐらいの気持ちで取り組んだほうがうまくいきます。

大阪府にある**大阪国際中学校高等学校**は95年の歴史をもつ学校ですが、一昨年（2022年）に、２つの学校が統合して、いまの校名になりました。大阪国際滝井高等学校という女子校と大阪国際大和田中学校高等学校という共学校が統合しました。同じ学校法人の

2校とはいえ、違う場所にあった2つの学校を第三の場所に移して統合するという離れ技の学校改革をしたのです。

新しく大阪国際中学校高等学校になっても、建学の精神である「全人教育」は変わらず、校訓「人間をみがく」として継承されています。しかし、新しく「自分らしく生き抜く力を身につけ、未来社会の担い手となる」というビジョンを制定しました。そして、その実現のために、国際バカロレア認定校になりグローバル教育に力を入れたり、探究型学習やSTEAM教育（注2）を取り入れたりしています。ミッション（建学の精神）は変えずに、ビジョンを新しく制定し、具体的な教育活動を改革していったよい事例です。

ビジョンについて、もう少し詳しくみていきましょう。私は、学校には、「教育ビジョン」「学校組織ビジョン」「教職員ビジョン」の3つのビジョンが必要だと言っています。

教育ビジョンは、これまでに話してきた通り、「育てたい生徒像」です。この学校の教育の目標です。学校組織ビジョンは、そのような教育ビジョンを達成するための「目指すべき学校組織像」です。

教育ビジョンが教育面での目標だとすれば、学校組織ビジョンは経営面での目標です。

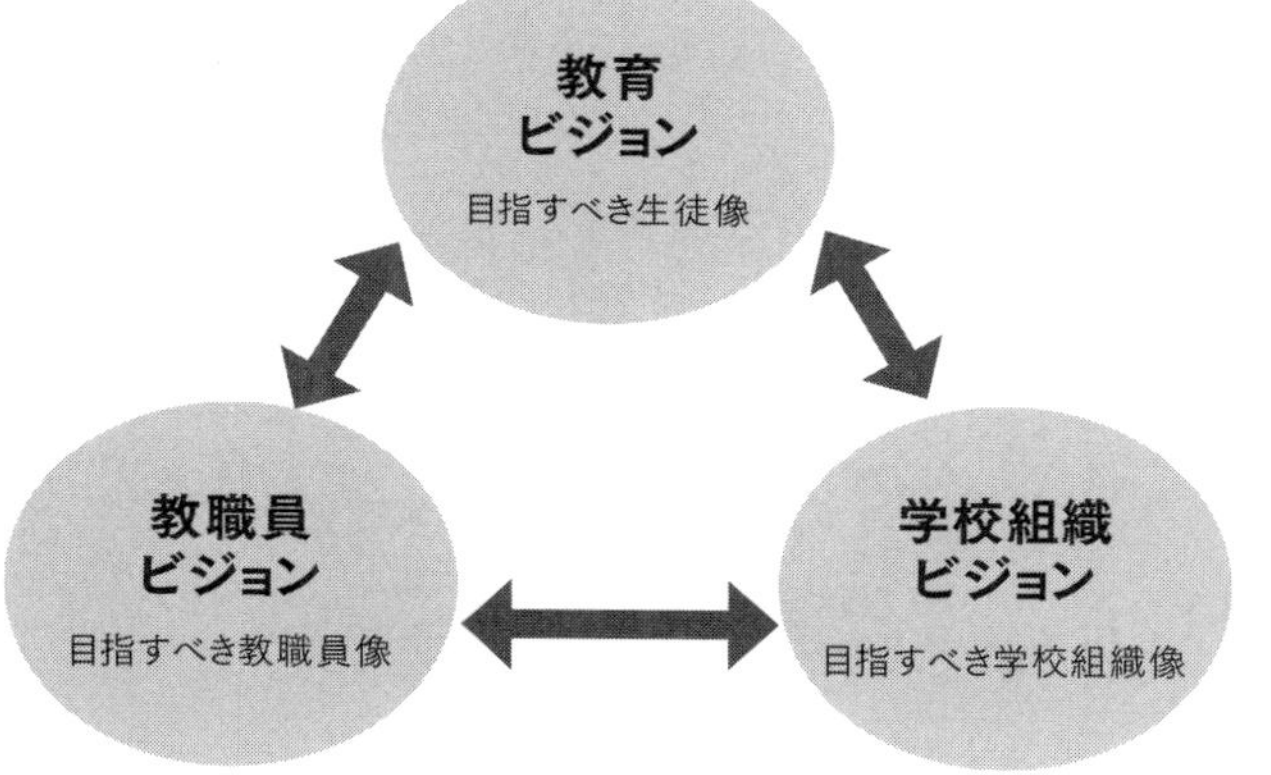

サステナブル（持続的）な経営を行うためには、経営的に健全である必要があります。そのためには、児童生徒の定員数や施設の規模、教職員の人数などが適正でなければなりません。また、そういった数値面だけでなく、どのような学校でありたいのかを言葉で表す必要もあります。校風や学校文化を言い表す言葉です。たとえば、「生徒のために全力を尽くす学校」であったり、「常にチャレンジを続ける学校」、「生徒も教師もいきいきとしている学校」などです。組織員としての教職員は、どのような教育を行うかというだけでなく、どのような職場で働くかということにも関心があります。魅力的な学校ビジョンを掲げる学校には、多くの教職員が集まってくるでしょう。

3つめの教職員ビジョンは、「あるべき教職員像」です。教育ビジョンを達成するためには、どんな教職員であらねばならぬかということを言葉で表したものです。教職員としての理想像ですので、それを言葉にしておくことで、教職員たちはいつも自分を律することができます。教職員ビジョンは、私はビジョンの一部として整理をしましたが、教職員の価値基準になるという意味では、ドラッカーがいうところの「バリュー」に近いかもしれません。

東京都の**富士見中学校高等学校**は、2020年に創立80周年を迎えました。それを機会に、あらためて学校の価値観を統一するために、2年の構想期間を経てクレドを制定しました。そして、それをカードサイズの小さな紙にして、教職員がいつでも持ち歩けるようにしています。そこには「生徒の伴走者たれ」という言葉とともに、7項目の行動指針が書かれています。教職員は生徒の主体性を引き出す存在であるべきだという強いメッセージが込められています。素晴らしいのは、このクレドを作成するにあたって、教職員の中から検討メンバーを集めたところです。それも、指名するのではなく、やりたい人が手を挙げる立候補制だったそうです。生徒が主体的になるためには、教職員がまず主体的に行動しなければならない。そんな価値観が共有されているのだと思います。

一つの学校とはいえ、教職員一人ひとりは、さまざまな価値観をもっています。もちろん色々な先生がいるからこそ、学校は生徒にとっても面白いところなのだと思いますが、大事なところでは、先生たちの価値観が統一されていないと生徒たちも混乱します。

学校を改革していくためには、方向性を統一するためにも、教育ビジョン、学校組織ビジョン、教職員ビジョンをあらためて制定するという方法をとってみてもよいでしょう。ビジョンが共有されているかどうか。ここが学校改革の成否を左右する大きなポイントだと思います。

学校改革のコツ⑪「ビジョン」

学校改革を成功させるためには、教職員や生徒の方向性を統一することが重要。建学の精神や校訓といった学校のミッションは大切に維持しながら、これからの時代に合わせた目標像として教育ビジョン、学校組織ビジョン、教職員ビジョンをまず制定してから具体的な取り組みを考えるようにしよう。

2. 児童生徒第一主義——子どもたちがワクワクしている学校

「学校って誰のためにあるのだろうか?」と質問すれば、ほとんどの先生は「子どもたちのため」と答えます。でも、日々の自分の行動を振り返ってみてください。本当に児童生徒のためだと考えて行動していますか。児童生徒のためと言いながら、実は自己都合や学校都合で行動していませんか。

たとえば、校則やルールを守らせることについて考えてみましょう。校則については、「児童生徒が遵守すべき学習上、生活上の規律として定められる校則は、児童生徒が健全な学校生活を送り、よりよく成長・発達していくために設けられるものです」と文部科学省が説明しています(注3)。

しかし、規律は秩序のために必要で、秩序は先生が指導をしやすいから必要なんですよね。現実は、決して児童生徒のためではありません。

私は校則が必要ないと主張しているわけではありません。学校は児童生徒のためにあると言っているのに、なぜ先生のためにある校則に疑問を感じないのだろうか、と不思議に思っているのです。

また、学習評価も本当に児童生徒のためになっているのか疑問です。一般に学校における評価の代表的なものは通知表です。先生方は、通知表は本当に生徒のためになると思って書いていますでしょうか。多くの先生は、「指導要録をつけるため」とか「やらなきゃいけないからやっている」という学校都合で行っているのではないでしょうか。

授業も同様です。生徒たちの理解が追いついていないのに、年間指導計画が最後まで終わらないからと、ハイペースで進めてしまうことはないでしょうか。カリキュラムを消化するという学校都合が優先して、児童生徒のためになっていないことをしているのではないでしょうか。

そもそも教育課程を改訂する際に、各教科は単位数をなるべく多く確保しようとします。新しい教育課程について話し合う教育課程検討委員会などでは、各教科の代表者が集まって議論することが多いです。そこでは、全体の教育目標やバランスなどお構いなしに、各教科が週1時間でも多くの授業時間を獲得しようと、奪い合いがはじまります。特に高等学校の場合、大学受験で必要な内容を教えるためには学習指導要領で定められた授業時間だけでは足りないからです。

こうして、7時間目や8時間目が設定され、土曜日も授業を行い、生徒からみれば、かなり負担が大きな教育課程ができあがるのです。これは、「カリキュラム・オーバーロード」であり、日本だけでなく世界的にも問題になっている児童生徒の過剰な負担につながってしまうものなのです。

目的を見失って、手段が目的になってしまうこともあります。本来は目的に沿って手段があるはずなのに、長年続けていると手段ありきになってしまい、目的を見失ってしまうことがあります。

たとえば宿題です。そもそも何のために宿題はあるのでしょうか。もちろん、その科目の学習のためです。理解のためか、定着のためか、応用のためかは、時と場合によって異なるでしょう。しかし、いずれも、授業時間中に行うことができれば宿題は不要なはずです。でも、宿題を出すという手段がいつの間にか目的化して、必要がないときも宿題を出すようになってしまいます。

宿題を出すのは児童生徒のためと先生は思っていらっしゃいますが、手段が目的化する

◆本当に児童生徒のためになっていますか？

- □ 校則、ルール、規律
- □ 学習評価
- □ 教科書通りの履修
- □ 授業時間数の上乗せ
- □ 宿題　等々
- □ 過剰な面倒見

ことによって、実質的には児童生徒のためではなく、先生の自己都合になってしまっているのです。

また、児童生徒が何かをしたいと言ってきたときに、反対してやめさせる先生が多いことに驚きます。先生はもっともらしい理由を言うと思いますが、実のところ、応対するのが面倒なだけだったりしないでしょうか。これも先生の自己都合になります。

生徒会の役員たちが「校外で募金活動を行いたい」というような要望を出してきたとき、「校外での自由な活動は校則で禁止されている」と言って、検討もせずにＮＧを出す先生がいます。「学習の妨げになる」「危険を伴う」などと、もっともらしい理由をつけますが、実のところ、先生たちが面倒だと思っているだけの場合も多いです。きちんと要望内容を吟味し、教育上の価値があることであれば、校長に掛け合うなど、実現に向けてサポートしてあげることもできるはずです。

端から否定されることを繰り返すと、児童生徒たちの主体性はどんどん削がれていきます。まずは肯定的に受け止めてあげて、要望が受け入れられなくても、やりたかったことを実現してあげられる代替案を考えるように促してあげることはできると思います。

「子どもたちのため」という言葉をはき違えている先生も多くみられます。というのは、児童生徒のために、「何でも先生がやってあげる」ことがよいことだと思っている先生が多いということです。特に私学は、広報上のウリとして、「面倒見がよい」ことをアピールすることが多いです。そうなると、「何でもやってあげる式」の面倒見が横行します。

これは家庭における保護者もそうなのですが、子どもに代わって何でもやってあげることは、必ずしも子どもの成長のためにはなりません。子どものためを思ってやっていることが、かえって子どもの成長を阻害しているのです。成長するためには自立・自律が必要です。あえて保護者は手を出さず、子ども自身に考えさせることが大切です。

それと同じで、学校においても、先生が何でもやってあげることは、かえって児童生徒の成長を阻害します。「子どもたちのため」を思うのであれば、何でもやってあげる式の面倒見を脱却し、「手を出さずに見守る式」の面倒見を実現するよう努力しましょう。

いま中学校や高等学校に求められているものが変わってきています。以前は、社会に出て活躍するための通過点としての機能が求められていました。つまり、よい就職をするため、よい大学に進学するための準備期間としての役割です。将来よりよい就職をするためには、中高生時代は我慢して勉強するのだという考え方が強くありました。将来のために、嫌々勉強するのです。

近年は、その役割がまったく求められなくなったとは言いませんが、中高生時代そのものの価値を見出すように変わってきています。つまり、将来のことよりも、中高に通っている「いま」を大切にするということです。学習においては、嫌々我慢して勉強するのではなく、好きなことを好きなように学ぶことが重視されます。そして、規律を守らされ窮屈に過ごすのではなく、楽しい学校生活が求められています。

将来のために、いまは我慢をするという発想は、右肩上がりの社会であれば納得感がありました。必ず明るい将来が待っているのであれば我慢もできるでしょう。しかし、いまは将来が見通せない社会です。将来に明るい期待をもっている若者は多くはありません。大人の言う通りにしていれば将来はよいことがあるなんて思ってくれるはずがないのです。

ですから、いまを生きる児童生徒たちのためを考えるのであれば、先生たちにも、いまを大切にする発想が必要になります。それは、児童生徒たちの「いま興味関心があること」を起点にした学びの支援です。これは第2章で述べた「内発的動機づけ」に近い考え方です。将来から導き出された外発的動機づけは効きにくくなっています。それよりも、自分の興味関心を広げるという内発的動機づけを起点として学びを展開することが重要です。

しかし、生徒が私生活の中でもっている興味関心だけであると、とても狭い子どもの感覚の関心事になってしまいます。そこで先生たちが行うべきことは、児童生徒の知的好奇心を広げ、さまざまなことに疑問を感じさせることです。子どもたちのワクワク感を醸成することがとても大事なのです。

そこには、校則も宿題も評価も大人都合のカリキュラムも効果を為しません。必要なのは、子どもたちの内面から湧き出る興味関心とワクワク感です。本当に「子どもたちのため」を思うなら、そういう学校にしましょう。

企業で、よく「お客様第一主義」と言っているところがあります。それは単に儲けようとして言っているのではありません。企業にも企業理念や目標があります。何のために事業を行っているのか。それはお客様が求めていることを実現してあげるためです。その実現のためにお客様第一主義が必要なのです。

学校は児童生徒たちのワクワク感を引き出すために、児童生徒第一主義が必要なのではないでしょうか。子どもたちのキラキラと輝く目を取り戻すため、本当に児童生徒のためを考えた学校運営を考えましょう。それが学校改革の起点だと思います。

学校改革のコツ⑫「児童生徒第一主義」

大人の都合で子どもたちに学習を強いるのはもうやめよう。子どもたちの興味関心から内発的動機を引き出し、ワクワクするような学校にしよう。それが学校改革の起点となる児童生徒第一主義。

3. 組織慣性——小さな成功の積み重ねで組織文化を変える

駅から電車に乗り込み、手すりにつかまって立った。電車が動き出すと後方に少し身体が揺れる。電車のスピードが一定になると揺れは収まる。次の駅に近づくと電車はスピードを落とし、今度は身体が前方に引っ張られるように揺れる。電車に乗っていると、この繰り返しだ。

なぜ、電車に乗っていると、このように身体が揺れるのでしょうか。大人であれば常識として知っている物理学の基本法則です。そう、慣性の法則です。

- 静止している物体はいつまでも静止し続ける
- 運動している物体はいつまでも等速直線運動を続ける

これは、外力を受けないときの物体の運動状態を説明している法則です。

止まっている電車に乗って立っている私は静止状態です。電車が動き出しても私という物体はそこに静止し続けるのですが、足だけは電車とともに進んでしまうので、後ろに引っ張られたような状態になってしまいます。スピードが安定すると、電車と私は一緒に等速運動を続けるので揺れは収まります。今度は電車が減速します。すると、そのままのスピードで進む私という物体は電車とともに減速した足に引っ張られ、前につんのめるのです。

何の話をしているのかというと、組織にもこの慣性の法則が当てはまるということを言いたかったのです。企業や学校のような「組織」が「電車」、社員や教職員のような「組織構成員」が「電車の中の私」というわけです。

「組織の慣性力」は経営学でも取り上げられるキーワードです。新しいことに取り組まず静止している状態の組織は、その状態から自ら動き出すことは難しいのです。何かの力が加わり組織が動いたとしても、電車の中の私のように、組織の中の人々はその場にとどまる力が働き、後ろに引っ張られて取り残されるのです。

学校改革の最大の敵は、この「組織慣性」です。長らく止まってしまった学校組織には慣性力が働き、容易に動かすことができなくなってしまっているのです。

この比喩、なんとなくおわかりいただけると思います。

でも、組織は物体と違い、意思をもつ人間の集まりです。どうしてこのようなことが当てはまってしまうのでしょうか。それは組織構成員の意思の方向がバラバラだからです。方向がバラバラの意思はお互いを打ち消し合って、内部から力を発揮することができません。組織構成員の方向性（ベクトル）が合えば力を発揮するのです。学校に当てはめて考えれば、先生たちの目標や方針が一方向に定まれば、学校を動かす力になるのです。それが前述した「ビジョン」です。ビジョンを共有して力を発揮すれば、組織は物体ではなく生き物になり、慣性の法則を打ち破って自力で動き出すのです。

しかし、そのビジョン自体を共有できない学校もあります。それは組織風土の問題です。変わらなくてもいい、変わることが面倒だと考える先生が多ければ、組織は沈滞ムードになります。そんな組織風土の中でいくらビジョンを唱えたところで、ベクトルが一致するわけがありません。

組織が変わろうとするとき、反対意見を述べたり、阻害行動をしたりする人がいます。そのとき、反対意見に真っ向から正論で説得しようとしても無駄です。阻害行動をする人のその行動だけをいさめても本質的には何も変わりません。なぜかというと、表向きの阻害行動の裏には、その人なりの強力な固定観念があるからです。そこから変えない限り、

阻害行動
表向きの
阻害行動の裏には
強力な固定観念が
隠れている

表に現れた行動は変わりません。

しかし、この強力な固定観念はその本人も意識していない場合が多いです。無意識なのです。それだけに厄介です。まずは、本人が固定観念をもっていることに気づき、さらにその固定観念が間違っていたと認識し、改めようとしないといけません。その場合、研修などの場で改めて固定観念を洗い出す作業をしてもらうことが有効です。そうです。自分で気づくことが大事なのです。

生徒の主体性を伸ばすために、生徒自身が企画立案する行事を実施しようと方針を立てたのにもかかわらず、結局担任の先生があれこれ口を出し、手を出してしまうような場面がよくあると思います。この先生は生徒の主体性を伸ばすという目標や方針に反対しているわけではないのですが、つい口を出してしまうのだと思います。ですから、この先生に向かって「口を出しちゃダメだよ」と声をかけたところで直りません。実は、この先生には、「行事の出来栄えや質は担任教員の質とみなされる」「生徒に任せておいたら質が落ちる」という強い固定観念があるのです。**まず、そのような固定観念をもっていることに自分で気づき、それを払拭するところからはじめないと根本的には直りません。**

別の例でいうと、ある私立高校で、生徒募集がうまくいかず、受験生が減ってきているときに、全教員で学習塾に訪問して広報するという施策が提案されました。受験生が減っているのだから、受験生が通っていそうな学習塾に広報するという方針には面と向かって反対意見を言う教員はいません。しかし、実際には忙しいとか時間がないといって訪問しない先生も少なくありませんでした。なぜそうなるのかというと、先生たちは学習塾を訪れるような面倒なことはしたくないのです。その裏には、「そんな営業活動をするために教師になったんじゃない」とか「学習塾に頭を下げてお願いをするなんて嫌だ」という思いがあるのです。もっといえば、「生徒が多少減っても学校は潰れない」という固定観念があるのです。

実際には、生徒が減れば学校は潰れます。私立学校でいえば、別の学校法人に吸収合併されたり、別の経営者に経営権を奪われたりします。公立学校でも、統廃合されることはよくあるケースです。そういう危機感がないのです。

変わらなくてもいい、変わることが面倒だという「現状肯定派」の考えを変えるにはどうしたらよいでしょうか。それは危機感を全校で共有することです。変わらないことで起こる災いの予測を共有するのです。このままでは児童生徒募集に支障をきたし、定員割れを起こして経営が立ち行かなくなる、そのことで先生たちの給与が下がったり、最悪は学校が倒産する。そういう危機感は少なからず感じることだと思いますが、自分事として捉えられなかったり、だいぶ先のことだろうと高を括っている場合が多いのだと思います。

私はそのような考えで学校の経営が悪化しても自業自得だと思っていますが、もっと問題なのは、時代遅れの教育をしていて将来の活躍を制限されてしまう子どもたちがかわいそうでなりません。子どもたちの明るい未来を願う先生であれば、変わらなければいけないと少しでも認識したら、行動に移してほしいと願います。

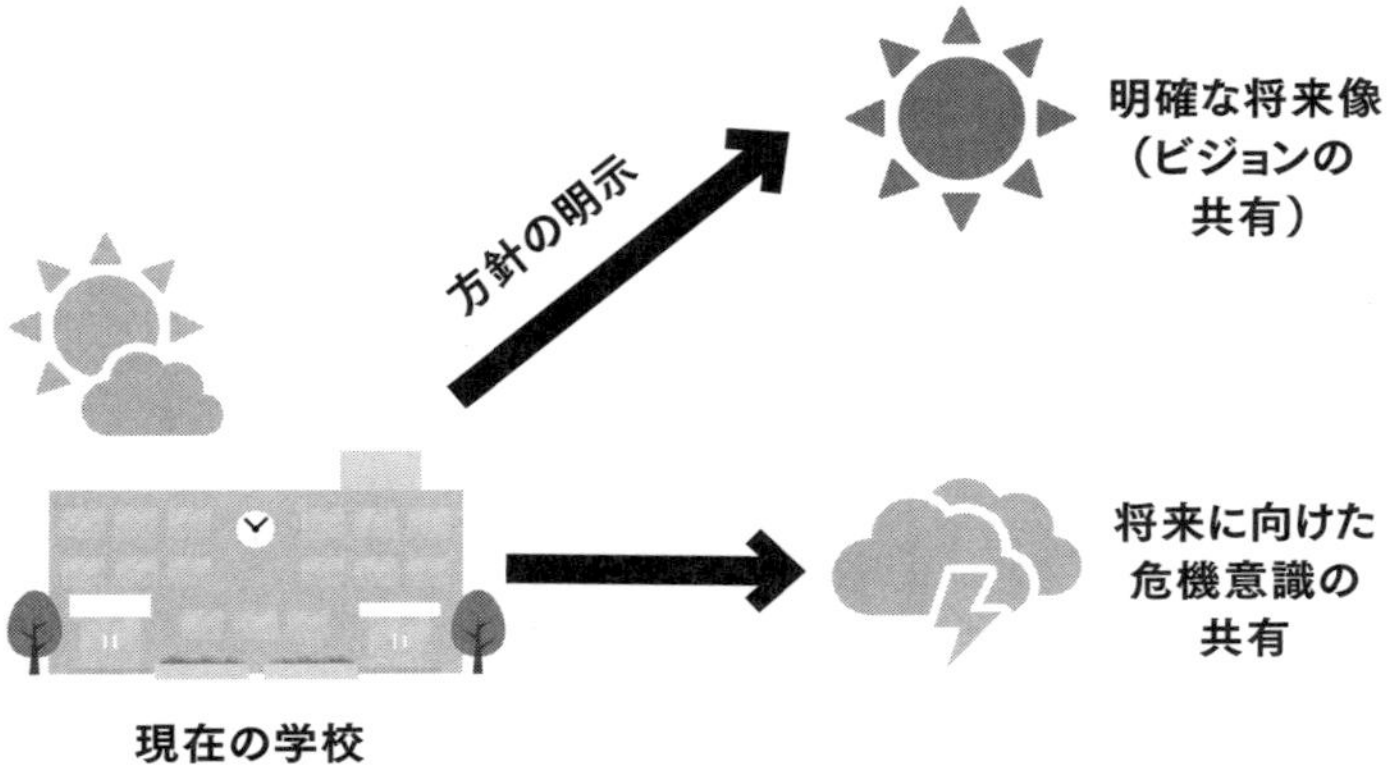

危機感を共有したうえで、ビジョンを共有すれば動き出すきっかけになります。ビジョンとは、組織の明るい未来を共有することです。この危機を脱して、あちらの方向に進めば明るい未来が待っているのだと確信できないと、人は動き出しません。危機感の共有とビジョンの共有がセットになって動き始めることができるのです。

しかし、少し動き出した組織にも次なる難題が待ち受けています。それは足並みが揃わないことです。動き出した電車に足をとられる人が出てくるのです。

ビジョンができて、変わろうとする先生が2割でもいれば、学校は少し動き出します。

しかし、8割の先生は慣性の力に引っ張られるのです。本当に変わっていいのだろうか、本当にこの方向で合っているのだろうか、疑心暗鬼になります。

ここで**大切なのは、はじめの小さな成功体験です。**動き始めてすぐに小さくてもいいので、うまくいった手応えを得ることが大事なのです。これで出遅れていた先生たちは少し安心します。この方向で合っているかもしれないな、変わることはそれほど怖いことではないぞ、そんな感覚を得たら少しは勇気が湧いてきます。この小さな成功体験を少しずつ繰り返していくのです。そうすると、はじめ2割だった変革派が8割ぐらいまでに増えてきます。そうなれば、変わり続けることがふつうになり、一定スピードで等速運動することになります。組織も一定のスピードで動き始めれば順調に進むのです。

組織が安定するためには巡航速度で動き続けることが一番です。学校改革だといって急に動き出し、しばらくするとまた止まってしまう。これが一番よくないパターンです。常に一定の速度で動き続ける活性化した組織をつくることが大事です。それは時代の変化に即して常に新しいことにチャレンジし続ける組織文化づくりともいえるでしょう。

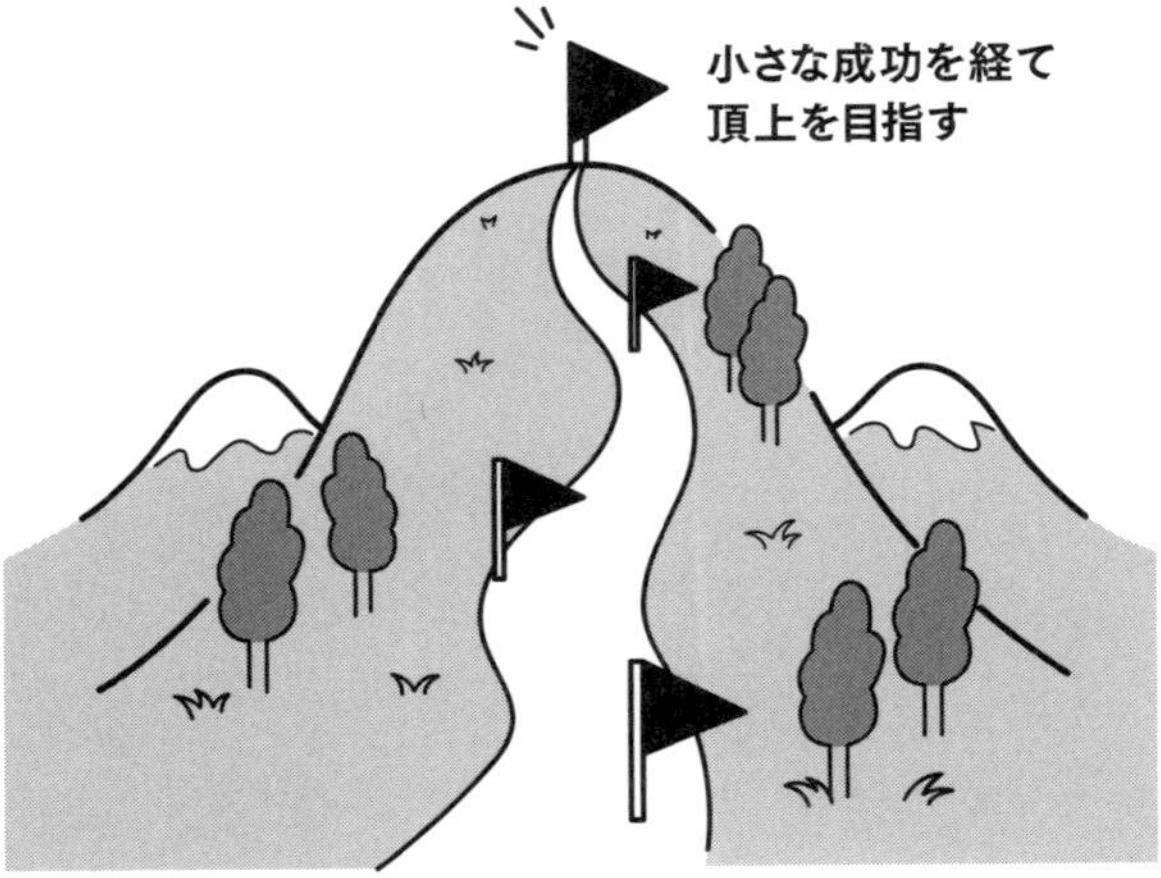

ここで注意してほしいことは、新しい取り組みをするためには、古い取り組みを何か止めなければならないということです。第1章でもお話しした「スクラップ&ビルド」です。学校改革をみていると、古いことをスクラップしないで新しいことをビルドし続けている学校があります。これでは先生たちは忙しくなって疲弊していきます。変化に対応した組織づくりとは、新しいことに取り組むことだけではなく、古い取り組みを、勇気をもってやめることでもあるのです。

生物学者の福岡伸一さんが「創造的破壊」という言葉を提唱していますが、生物は生きていくために破壊と創造を繰り返しているのだそうです。古い細胞を壊してこそ、新しい細胞が生まれるのです（注４）。このように学校も創造的破壊を行わなければ生き続けることができません。創造的破壊を上手に繰り返していくことが、巡航速度で進み続ける組織をつくるポイントなのだと思います。**学校改革においても、はじめから大きな改革を志向するのではなく、小さな改革を続けることが変化を恐れず変わり続けることができる組織をつくるコツなのです。**

学校改革のコツ⑬「組織慣性」◆

学校改革を志向しても、組織慣性の力が働き、実際にはなかなか動かない。そこには組織構成員の強い固定観念が横たわっているから。まずは阻害要因となっている固定観念を自己認識しよう。そして、危機感を共有したうえで、ビジョンに沿って行動しよう。小さな成功を繰り返しながら、常に変わり続ける組織文化をつくっていくことを志向しよう。

4. 批判的思考——学校の常識は世間の非常識

私がはじめて訪れる学校でよく起こる出来事です。私が何か提案をすると、「企業ではそうかもしれないですけど、学校では違うんですよ」という答えが返ってくることです。

実は、この答えは私にとって珍しいものではありません。というのも、以前私が企業相手のコンサルタントをしていた頃にも、はじめて訪れた会社では必ず言われていたからです。

「よその業界は知らないですけど、うちの業界ではそれは違うんですよ」

まったく同じことを言っていますよね。

これを「業界慣習」といいます。業界が異なると仕事の進め方やルールが違う。でも、コンサルタントは皆知っています。業界慣習こそが悪の根源だということを。

コンサルタントは、この言葉がお客様から出ると「ラッキー！」と思うのです。なぜなら、直すべきことがあるということが最初からわかったからです。

学校も同じです。学校は経営体としてみれば、一つの業界（教育業界）の一社に過ぎません。組織として仕事をしているのであれば、仕事の進め方やルールはほとんど共通です。先生によっては、「うちの学校は特別なんです」と、学校の中でも特殊だと言い張る方もいます。それは明らかに、いまのやり方を変えたくないと抵抗しているだけです。

教育の中身が他校と違うというのは特色ですし、それが他校との差異になっているのでいいのです。でも、仕事の進め方やルールが他校と違うことでいいことなんてありません。学校といえども、組織があって、そこに所属員がいて、業務を役割分担して、決められた時間内で働いて、期待される成果を出す。そのことに変わりはありません。基本的な仕事の進め方やルールは共通なのです。そこに、「いままでのやり方がこうだったから」、「自分は特別な業務を行っているから」と、かたくなに特別なやり方を温存することに何のプラスもありません。おそらく何か非効率を生んでいるに違いありません。

それをよく表すのが、システム化への抵抗です。近年は統合型校務支援システムを導入する学校が増えています。そのシステムを導入する際に、多くのカスタマイズを要求する学校がありますから、カスタマイズ、つまり私の学校のやり方にシステムを合わせろと言っているのです。

そのシステムの質が悪いのであれば仕方ないです。しかし、すでに全国で何百校も導入実績がある校務支援システムの業者に対して過剰なカスタマイズを要求しているのです。どうみてもシステムの方が効率的なやり方をしていて、学校の方が非効率なやり方をしていることは明白です。それにもかかわらず、学校はシステムに合わせようとせず、学校のやり方にシステムを合わせようとします。

非効率な仕事の進め方やルールを温存してシステムを導入するぐらいならシステム化なんてしなくていいんです。**システムを導入するということは、仕事の進め方やルールを変えるということなのです。**

近年、教育ＤＸ化が進んでいます。ＤＸとは、デジタル・トランスフォーメーションの略であり、デジタル技術で教育を変革するということです。

この教育ＤＸについて、多くの方が誤解をしているのですが、ＤＸはデジタル化と同じではありません。デジタル化は、いまある仕組みを前提としてそれをデジタルに置き換え

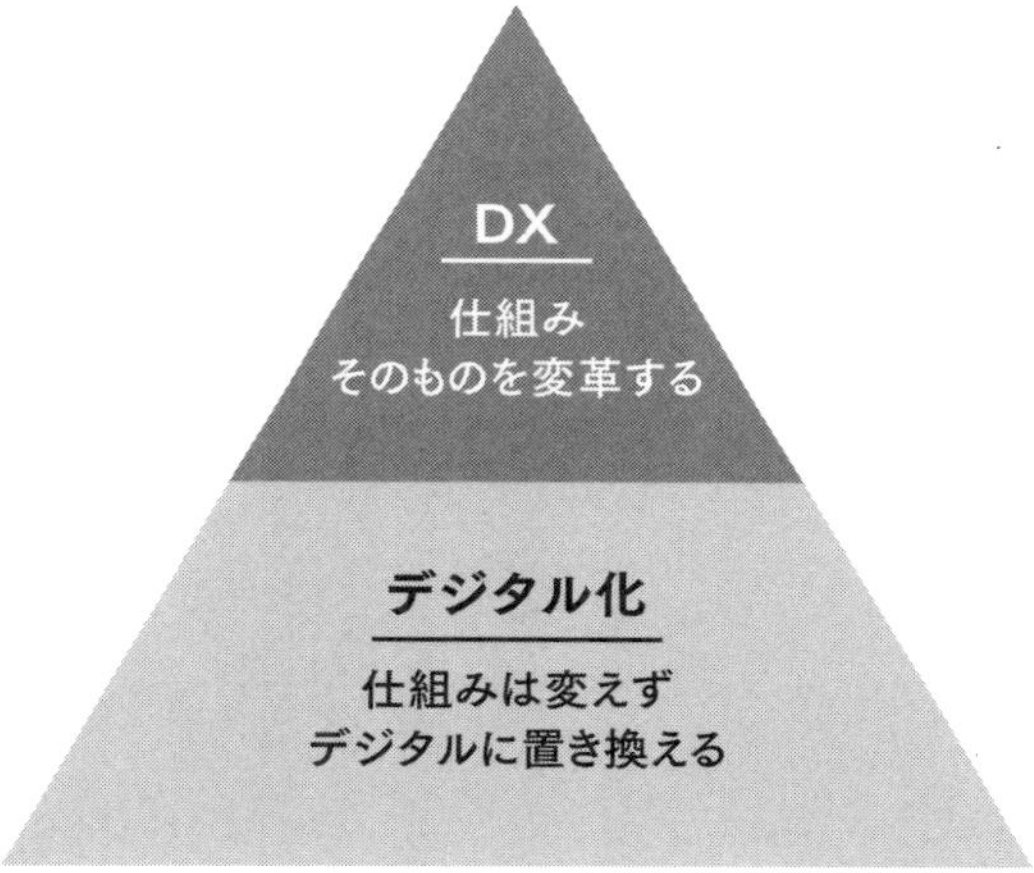
DX
仕組み
そのものを変革する
デジタル化
仕組みは変えず
デジタルに置き換える

て効率化や改善をすることです。一方、**DXはデジタル技術によって、いまある仕組みそのものを変革しようとするものです。**つまり、DXは、教育のあり方（児童生徒の学習のあり方）や校務のあり方の変革を意図しています。

ですから、いまの仕事の進め方やルールをそのままにして校務システムに置き換えてもデジタル化が進んだことにはなりますが、これをDXと呼ぶことはできません。DXとは仕事の進め方やルールが劇的に変化、変革することです。

いま仕事の場面における生成AIの利用が進んでいます。学校においても、生成AIを使ったらどのように教育のあり方が変わるのか、校務のあり方が変わるのかを考えてみてもよいと思います。

ただし、これまでのやり方に固執していてはダメです。これまでの自分たちのやり方を疑ってみてください。

「うちの学校は特別」、「学校は企業とは違う」と思っている先生は、まず自分たちのやり方が当たり前だと思わないように気をつけた方がよいです。「学校の常識は世間の非常識」という言葉があります。**学校で当たり前のように行われていることが、実は世間では非常識なことだったりします。**

私が教育の世界に入って25年経ちますが、当時は世間から見たら不思議なことがたくさんありました。

たとえば、学校案内パンフレットや入学願書を有料で売っている学校がありました。マンションを購入しようとモデルルームに行って、「パンレットは購入してください」とか、「購入申込書は有料です」なんて言われたことがありますでしょうか。自家用車を買おうとディーラーに行ってパンフレットが無料でもらえないなんてことはありません。

これから学校を選ぼうとしている受験生に対する宣伝物であるべきものが、手軽に入手できないなんてナンセンスです。もちろん、現在はこういうことはなくなりました。

こんなこともありました。かつては、入学願書に志望理由を長々と書かせる欄があったのです。そのようなものを書かせて何の意味があるのでしょうか。入学試験を受けようとしているのですから、悪いことなんか書くわけはないのです。そのうえ、情報化が進んでいるので、保護者が書く内容なんてほとんど同じになります。それを書かせて何を確認しようとしているのでしょうか。実は、学校の先生に聞いてみると、この欄に書かれた内容は合否には関係がないことがわかります。しかし、保護者はこの内容で子どもが不合格になったら申し訳ないと、神経をすり減らすようにして書いているのです。私は「保護者の気持ちをわかっていて書かせているのですか？」と何度も学校の先生に詰め寄りました。その甲斐あってか、いまでは、志望理由を書かせる願書はほとんどなくなりました。

学校の常識で世間の非常識になっているものは、いまでもたくさんあります。そして、それが変わらないのは、先生たちが皆それを常識だと思っているからです。疑おうともしないのです。

かつて、ある校長先生が言っていました。職員会議で新たな提案が出たとき、反対が多数だったものをあえて採用するようにしているというのです。

通常、学校の職員会議は多数決で決まります。反対が多数だったら否決される場合が多いのです。でも、その校長先生は、「皆が賛成するようなことは学校の常識の範囲内だから面白くない。逆に皆が反対するような提案の方が世間には受け入れられるのではないか」と言っていました。

実際、学校教育法（および施行規則）において、学校の意思決定は校長が行うものであり、職員会議はその執行を補助するものだと明記されています。学校の意思決定は職員会議の多数決で決められるものではないのです。先生たちが常識と思っていることが世間の非常識なのであれば、校長の権限でどんどん変えていけばよいのです。


当たり前を疑い、これまでの仕事の進め方やルールに固執せずに変えていく勇気をもつことが、学校を変えていくためのコツだといえるでしょう。

学校改革のコツ⑭「当たり前を疑う」

学校の常識は世間の非常識な場合も多い。自分たちの当たり前を疑って、これまでの仕事の進め方やルールに固執せずに変えていく勇気をもとう。

5. 自己変革——過去と他人は変わらない

２０２３年の後半に登場した生成ＡＩのChat GPTは世界を一変させました。インターネット上にある、ありとあらゆる情報を学習し、大規模言語モデルを使い、私たちの質問・要望に答えてくれるのです。これまでのインターネット検索は、検索ワードを含むページを関連が深そうなものから順番に提示してくれて、私たちは自分でそのページを読んで参考にしていました。簡単な問いの検索であれば、一つだけ読めば答えが推測できましたが、少し複雑な問いであれば、いくつかの検索されたページを読んで、自分で考えて答えを推測しなければなりませんでした。つまり、ズバリと答えを提示はしてくれなかったのです。

ところが生成ＡＩは、私の問いに対して、一つの答えを提示してくれるのです。複雑な問いでもそうです。問うときに条件をつければつけるほど、より正確な答えを教えてくれるのです。少し曖昧な答えだなと思えば、会話のように、さらに注文をつけ加えれば、より詳しく答えてくれるのです。それがスマホ一台で実現するのです。

最近はコンピュータの音声認識も進んでいますので、スマホに声で質問を投げかければ、音声で答えを言ってくれます。

もちろん、インターネット上の情報をもとにしていますので、もっともらしく返してきた答えが間違っていることも多々あります。でも、そのことを踏まえて正しい問いをすれば、ほぼ正しい答えが返ってきます。

子どもたちにとってみれば、手のひらサイズの家庭教師です。いつでもどこでも自分の疑問に答えてくれます。

こんな技術が進んだ時代に、人間の教師の役割はなんでしょうか。知りたい知識は瞬時に手軽に知ることができるのです。これからの時代には教師も学校も必要ないと論ずる評論家もいます。しかし、私は学校も教師も不要にはならないと思っています。

では、教師の役割は何なのでしょうか。私が考える答えは次の３つです。

・正しい問いに導くこと

・判断力を身につけさせること
・児童生徒のモチベーションを喚起すること

先にも述べた通り、学校で教える知識は過去の文化や知恵の蓄積を系統的に整理したものです。ここに関しては、人間はもう「AI教師」にかないません。

しかし、AIは問わなければ答えません。そして、問いが正しくなければ、間違った答えを出します。何を問うべきか、どのように問うのか、ここは人間が、子ども自身が考えるべきところです。子どもたちは知識の蓄積が少ないので、何を問うべきか、どのように問うのかがわかりません。**児童生徒の問う力を育て、正しい問いに導いてあげるのが教師の役割です。**

また、AIが出した答えを吟味し判断するのは人間です。子どもたちにはその吟味と判断の能力が必要です。提示された答えを鵜呑みにせず、きちんと自分で考えて判断し、それを使った行動をするのです。

クリティカル・シンキング（批判的思考力）と言い換えてもよいかもしれません。そもそも日本人はクリティカル・シンキングが弱いと言われています。相手がAIでなくても、

◆AI時代の教師の役割

正しい問い	・児童生徒の問う力を育てる ・正しい問いに導く
判断力	・クリティカル・シンキングを育てる ・判断力を育てる
モチベーション	・生徒を学びの本質に感化する ・モチベーションを喚起する

人間の教師であっても、教えられたことを鵜呑みにしがちです。素直な心は大切です。でも、相手がＡＩだったら素直に従うことに何の意味もありません。**クリティカル・シンキングと判断力を育てるのが教師の役割です。**

そして、学びにはモチベーションが必要です。学びは問いから始まります。自ら問うということはモチベーションがなければ始まりません。先述したとおり、モチベーションにはさまざまなタイプがあります。その中で人間の教師ならではのモチベーション喚起の方法は「感化」です。

感化とは、考え方や行動に影響を与えて、自然にそれを変えさせることです。先生が授業を楽しそうにやっている姿を見て、その教科が好きになる子どもは少なくありません。無駄話のように見えて、実はその教科の本質的な面白さを伝えているということも多いと思います。**児童生徒のモチベーションを喚起するのも教師の役割の一つです。**

神奈川県の**聖光学院中学校高等学校**には、休日や長期休みなどを使った「聖光塾」という講座があります。塾といっても英語や数学といった教科の補習をするわけではありません。校外に出て学ぶなど、体験を通して教養を身につけることをねらいとしています。外部から専門家の講師を招くこともありますが、聖光学院の先生が自ら講師として講座を担当されることも多いとのことです。

特に決まったカリキュラムがあるわけではないので、先生は自分の専門性や関心事を活かして生徒たちに伝えたいことを伝えています。もちろん自分が好きなことを教えていますので、先生自身が楽しんでいます。生徒たちから見れば、先生のすごさに改めて気づかされる場でもあるとのことです。

聖光学院は東京大学に100名合格するような超進学校ですが、このような一見受験には関係ないような取り組みをしています。しかし、このような先生の姿を見て、生徒たちは学習のモチベーションを上げているのです。まさに「感化」の力です。

こういう話をすると、「うちの学校ではそんな取り組みはできないなー」という嘆きが聞こえてきます。学校だけではありませんが、変わらないことを組織や管理職のせいにする人は多いです。

でも、よく考えてください。校長だって、教頭だって、他人の行動を変えるのは難しいのです。組織という主体はなく、組織は単なる人の集まりです。管理職も組織の一員に過ぎません。もちろん、組織をマネジメントする役割をもっていますが、他人を動かすのは容易ではありません。それであれば、まず自分が変わってしまえばいいんじゃないでしょうか。**組織構成員全員が「自分が変わろう」と動き始めたら組織は必ず変わります。**

「過去と他人は変えられない。あなたが変えられるのは自分自身と未来だ」という言葉があります（注５）。過去に執着したり、他人の言動に怒りを覚えたりしても、それは自分にはどうすることもできません。それより、自分自身と未来をよりよいものにする方がよっぽどいいと思いませんか。

何か新しい取り組みをするときに、「誰が責任を取るんだ⁉」と叫ぶ人がいます。しかし、私は学校で新しい取り組みをして、それがうまくいかなくて誰かが責任をとらされたということを見たことがありません。悪意があってやったことや、法に触れることは責任問題が発生します。しかし、よかれと思って前向きにやったことで失敗したからといって、それを非難するような人はいません。

責任をとるリスクを考えるよりも、よいと思ったことは自分が実行してみるべきです。誰かを待っていても、組織は変わることはありません。まず自分が変わる、「自己変革」が大事です。

これからの時代は多様性が増していきます。そして変化のスピードがどんどん速くなります。みんなで足並みを揃えて変わることは難しいですし、時間ばかりかかって手遅れになってしまいます。まず気づいた人から変わる。そんな柔軟で敏捷な組織が求められています。

「どうして、うちの学校って変わらないんだろう」と思ったら、まず自分から動いてみましょう。それが学校全体を改革するための重要なコツだと思います。

学校改革のコツ⑮「自己変革」

学校改革が必要だと思ったら、まず自分から変わろう。過去にこだわったり、周りの人を変えようと思っても無駄。変えられるのは自分と未来だけ。時代の変化に合わせて常に自己変革をするよう心がけよう。

コンサルタントの技③——ファシリテーション

私たち教育コンサルタントが学校改革のお手伝いをさせていただくとき、多くの場合で、校内に改革プロジェクトチームを設置してもらい、そこで検討を進めます。

チームのメンバーは、現場のリーダーの先生たちです。学年や教科、校務分掌の主任などの場合も多いですが、必ずしも役職にこだわりませんので、人望がある中堅の先生方を選んでもらいます（立候補制にする場合もあります）。

学校改革を主導するのは管理職であるべきだと思われるかもしれませんが、管理職のみで構成される学校改革検討委員会はうまくいきません。なぜなら、現に学校運営を任されている管理職の方々は、なかなか現状を打破するアイデアを出せないからです。人は、自己否定はしにくいものです。ただし、チームに責任と権限をもたせるために、管理職を1名入れておいてもよいと思います。

改革チームで行うことは、現状分析、問題点の洗い出し、ビジョンの設定、課題設定、施策案の策定、計画の作成といった一連の改革のための計画づくりです。

都度、現場の意見を聞いたり、管理職の確認をとったりしながら進めます。このような改革のスタイルを「ミドル・アップ・アンド・ダウン」といいます。「トップダウン（トップからの指示）」でもなく「ボトムアップ（現場からの提案）」でもなく、ミドル中心の推進です。

ミドル・アップ・アンド・ダウンのよいところは、現場の意見も取り入れながら、経営の意思も反映した計画を立てられることです。そうすることで、全校的に共感が得られる実行可能性の高い計画ができあがります。

改革チームは週に1回、月に1回といった定期的に会議を開催する場合が多いです。もちろん、1回あたりの時間や開催頻度が多いほどたくさんの検討ができますから、改革案の立案のスピードは上がります。しかし、さまざまな調査や組織内の調整などもありますので、現状分析から計画立案までは、少なくとも半年から1年ぐらいはかかります。

私たちコンサルタントがお手伝いする場合は、この改革チームに参加して一緒に進めることになります。私たちの仕事は、主には、①調査・情報収集、②分析・まとめ、③アドバイス等ですが、もっとも重要な役割は「ファシリテーション」です。検討の促進役ということですが、改革プロジェクト全体のスケジュールのマネジメントと各回の会議の進行管理が大事な仕事となります。

限られた時間の中できちんと成果を出さなければなりません。先生たちだけで会議を進めると、どうしても進行が遅れがちになります。また、お互いに気を遣って中途半端な議論になりやすいです。私たちがファシリテーションする場合は、きちんと1回1回のゴールを定めて、そこに到達するように議論を進行させます。そして、必ず成果を出せる改革案となるよう計画の質のコントロールをします。

学校によっては、私たちに完全に任せるから改革案をつくってほしいという依頼をいただく場合があります。でも、それはあまりお勧めできません。先生方が自ら改革案をつくることに意味があるからです。

先生方の改革チームで改革案を立案することには3つの効果があります。一つは、より現実を踏まえた計画になりやすいことです。私たちもインタビューや調査を行いますが、やはり先生たちが集まって議論してこそ出てくる事実やアイデアがあります。2つ目は、現場のリーダーの先生たちが自分事として取り組むことができるということです。いくらよい計画が完成しても、実行するのは先生たちです。リーダーが主体性をもって取り組んでいないと、実現がおぼつきません。そして、３つ目の効果は、チームに参加した先生たちが改革のノウハウを身につけることができるということです。本書でも述べていますが、一度きりの改革を成功させるだけでなく、変化する時代に合わせて常に変革ができる組織文化をつくり上げることが大切です。そのためには、コンサルタントがもつ改革のノウハウを先生方に移転する必要があります。そのためにも、一緒に改革チームを進めたいのです。

私たち教育コンサルタントは、改革を成功させることだけでなく、組織を強くすることにも責任をもって取り組んでいます。

おわりに

私は、学校の先生向けの研修講師を年間数十回担当していますが、依頼者から必ず言われるのは、「事例を使って具体的でわかりやすいお話をお願いします」というセリフです。依頼者のニーズなので、にこやかに「わかりました！」と答えるのですが、「本当に事例を使った具体的な話がわかりやすいのだろうか」といつも疑問をもっています。

私が受講する側になって、研修やセミナーに参加することがあります。そのとき、事例だけいくつも並べて話す講師の方がいらっしゃいます。正直言って、私は「何が言いたいのかわからないな」という感想をもちます。

学校の経営は、ケース・バイ・ケースです。学校の状況も違えば、置かれている環境も違う。所属する教職員も違えば、児童生徒の構成も違う。こんなに違う状況の他校事例を聞いて、本当に参考になるのだろうかと思ってしまいます。

同じような話で、学校改革プロジェクトの中で、改革チームから管理職へ、新たな提案をすると、「そのことは他校で前例があるのか？」と聞かれる場合が多いです。管理職としては、前例がないようなことを実行するのがこわいということだと思います。しかし、新たなことに取り組んで学校を改革しようとしているのに、他校がやっているようなことを二番煎じでやって、意味があるのでしょうか。本書でも述べましたが、学校経営上、大切なのは「他校との差異化」です。他校で前例があることを、そのまま真似ても勝機はありません。

そこで大切なのは、「抽象化」です。事例という「具体的事象」から帰納的に「抽象的事象」に推定することが大事なのです。この「抽象」があれば、演繹的に、別の「具体」をつくり出すことができます。

私の話を聞いて抽象的だと思われる方もいらっしゃるかもしれません。話を聞いても、そのままでは実践できないという意味ではそうかもしれません。私は、年間でのべ200校以上の学校を訪れています。具体的なネタ（事例）は溢れるほどもっています。でも、あえて抽象化して話をしています。抽象化することで、本質に迫ろうとしているからです。

大事なのは、私の抽象的な話を聞いてそこから具体をつくり出すことです。その努力をしないで、抽象的な話は役に立たないと捨ててしまうのはもったいないと思います。

本書も一つひとつの話題は抽象的です。事例は入れていますが、それは一つの具体であって、それをそのまま真似をすればよいなんて、私は思っていません。ここに書かれていることから、ご自身で具体をつくり出してほしいのです。「自分の学校の状況を考えれば、こうするといいかな」「うちの学校の生徒であれば、こういう施策にすれば成果が出るだろう」という発想を膨らませてください。それが学校のオリジナリティを創り出します。私は、学校にとってオリジナリティはとても大事だと思っています。特に私学はオリジナリティこそ生命線です。

教育界には、時代の変化によって、新しい言葉が出てきては消え、出てきては消え、が繰り返されます。「グローバル教育」も「アクティブ・ラーニング」も「探究」も「STEAM」もすべてコンセプト（概念）です。つまり抽象的な言葉です。それぞれの言葉は具体的な内容も方法論も一つには定めていません。ですから、その言葉の本質的な意味や目的をきちんと捉えて、それに沿って自分たちで具体化を進める必要があります。

もしかしたら、それらの言葉の本質を極めれば、これまで自分たちの学校で行ってきた教育と同じかもしれません。そうであれば、流行りの言葉に惑わされず、自分たちの教育を、自信をもって推進すればよいのです。私は、コンサルティングや研修においては、このような観点からアドバイスを行っています。学校は子どもたちの教育というとても大切な仕事をしている場です。それを担う先生方には、常に本質にこだわり、本来の目的を見失わないでほしいと思っています。

私が所長を務めるコアネット教育総合研究所には、約70名のスタッフがおり、日々学校の先生方とともに子どもたちの未来を支える活動をしてくれています。志を一つにする仲間と日々活動ができることをとても幸せだと思っています。

また、この本の企画段階から、私のまとまらないアイデアに根気よく付き合ってくださった編集部の北山俊臣様に心から感謝申し上げます。

そして、日々子どもたちの未来のために努力を続けていらっしゃる全国の学校の先生方には、本当に敬意を表します。先生方の努力が結実するよう私もサポートしていきたいと思っておりますので、これからもよろしくお願いいたします。

２０２４年12月　松原和之

【注釈】

第1章

注1　早慶上理は、早稲田、慶応義塾、上智、東京理科の首都圏にある最難関四大学を総称していう言葉。また、GMARCHは、学習院、明治、青山学院、立教、中央、法政の首都圏にある難関6大学を総称していう言葉。ちなみに、関西では、京都、大阪、神戸の3国立大学と関関同立（関西、関西学院、同志社、立命館の4大学）を難関大学として挙げる場合が多い。

注2　追手門学院中学校2025年度スクールガイド

注3　ウォルター・アイザックソン著「スティーブ・ジョブズ」（2011年、講談社）

注4　「算数1科入試」とは、算数のみの1科目で判定をする入試のこと。通常であれば、中学入試では、国語・算数・社会・理科の4科目か国語・算数の2科目で入試を実施する学校が多い中、1科目に絞ることが珍しい。

第2章

注1 ベネッセ教育情報ホームページ（2022年3月18日）より
https://benesse.jp/kyouiku/202203/20220318-3.html

注2 辰野千壽著「学習方略の心理学」（1997年、図書文化社）

注3 辰野1997

注4 エドワード・L・デシ他著「人を伸ばす力」（1999年、新曜社）

注5 Richard M. Ryan and Edward L. Deci「Self-Determination Theory and the Facilitation of Intrinsic Motivation, Social Development, and Well-Being」(2000, American Psychologist)

注6 溝上慎一のウェブサイト（http://smizok.net/）用語集より

注7 ＶＵＣＡとは、Volatility（変動性）、Uncertainty（不確実性）、Complexity（複雑性）、Ambiguity（曖昧性）の４つの単語の頭文字を取った造語で、先が不明確で予測できない社会を意味する言葉。

注8 ＢＹＯＤとは、児童生徒が私物として持っているパソコンやタブレット端末を授業にも使うというスタイルのことで、「Bring Your Own Device」の略称です。

第3章

注1　P・F・ドラッカー著、上田惇生訳「ネクスト・ソサエティ」（2002年、ダイヤモンド社）

注2　STEAM教育とは、Science（科学）、Technology（技術）、Engineering（工学）、Art（芸術・リベラルアーツ）、Mathematics（数学）の5つの単語の頭文字を組み合わせた教育概念。これら5つの分野の学習を通して、子どもを今後のIT社会に順応した競争力のある人材に育てていくための教育方針として使われる言葉。

注3　文部科学省「生徒指導提要」（2022年12月）

注4　福岡伸一著「動的平衡　生命はなぜそこに宿るのか」（2009年、木楽舎）

注5　カナダの精神科医エリック・バーンの言葉といわれていますが、出典は不明。でも、確かにその通りだと思う言葉ですよね。

[著者プロフィール]
松原 和之（まつばら・かずゆき）
コアネット教育総合研究所所長
一橋大学社会学部で久冨善之先生に師事し教育社会学を学ぶ。卒業後は、企業の経営企画部門、三和総合研究所のコンサルタントを経験し、2000年よりコアネット教育総合研究所主席研究員、2003年より同所長。
数多くの学校改革支援プロジェクトを手掛け、先生方と一緒に学校を変革してきた実績をもつ。専門分野は、広報・生徒募集改革、教学（カリキュラム）改革を始めとする学校経営全般。「変革は現場から起きる」をモットーに、理論だけではなく、実践的なアドバイス、サポートを行い、現場の教員を巻き込みながら、必ず成果が出るまで支援することを信条にしている。

教育コンサルが教える学校改革

2025（令和7）年2月14日　初版第1刷発行

著　　者：松原和之
発 行 者：錦織圭之介
発 行 所：株式会社　東洋館出版社
〒101-0054　東京都千代田区神田錦町2-9-1
コンフォール安田ビル2階
代表　TEL：03-6778-4343　FAX：03-5281-8091
営業部　TEL：03-6778-7278　FAX：03-5281-8092
振替　00180-7-96823
URL　https://www.toyokan.co.jp

［装　　丁］：中濱健治
［イラスト］：ナーブエイト 岡村亮太
［組　　版］：株式会社ダイヤモンド・グラフィック社
［印刷・製本］：株式会社ダイヤモンド・グラフィック社

ISBN 978-4-491-05736-1　Printed in Japan